愛して育てる心とことば

大熊喜代松

フィリア

まえがき

この本は、子どもの心とことばを育てるために、いかに愛して育てることが大切であるかがやさしく書かれています。母子の密着育児による、子どもを大いに甘えさせ愛して育てる、「育て直し」の育児の手引き書です。「育て直し」の育児で心とことばを実際に育ててあげた、多くのお母さん方の発言、子どもとの会話や育児のメモ、体験手記、支援の資料を元にしてまとめています。

子どもの心とことばを育てるのには、子どもへの支援よりも母親への支援がもっとも効果的で近道であることを証明している本でもあります。そして、「育て直し」の育児は、子どもの年齢にかかわらず、またたとえ重い障害があっても、親子関係を望ましいものにしてゆくことで、心とことばを育ててあげることができることを、この本の事例は証明しています。

親子関係で暗いニュースが毎日あります。母子の密着育児の崩れと、気になる母子関係の増加をこれ以上悪くしないようにしたいものです。この本が、子どもの心とことばの成長で苦労されているご両親や、支援されている保育や教育関係の皆様に、少しでもお役に立てばありがたいと思っています。

この本の出版に当たって、田口恒夫先生（お茶の水女子大学名誉教授）には、貴重な助言をいただいており、今回の本の発行では、先生の著書の引用でご高配をいただきました。誠にありがとうございました。また、出版元フィリアには大変お世話になりました。お礼申し上げます。

大熊　喜代松

二〇〇四年七月

愛して育てる心とことば―目次―

第二部　愛して育てる心とことばの育児と支援

第一部　心とことばの成長

一　赤ちゃんは泣くことと安心感の貯えで成長します

1　赤ちゃんの泣くことには大事な意義が三つあります

この世に産声をあげて誕生した赤ちゃんは、生まれながらにして、泣く、おっぱいを吸う、顔の筋肉を動かす、手足を動かす、の四つができます。

赤ちゃんは、空腹、オムツが濡れて不快なこと、眠いこと、体の痛いことなどを、お母さんや周りの人に泣いて伝えています。泣くことで全身運動をし、オムツなどの交換をしてもらって、欲求を満足させています。ですから、赤ちゃんにとって泣くことは、自分の欲求をお母さんや周りの人に伝えるためのメッセージ、サインだと考えられています。

赤ちゃんの泣くことの意義として、次の三つがあげられます。

(1)　赤ちゃんは安心感を貯え、お母さんは母性愛を育てます

赤ちゃんが泣くとお母さんは直ぐに駆け寄って、抱っこしてあやします。泣きやまないと赤ちゃんの様子をみて、授乳、オムツの交換をすることもあるでしょう。何回もあやしているうちに赤ちゃん

抱っこであやし、声かけで体を揺すり可愛がるお母さん

は眠ります。この繰り返しが、数時間おきに昼も夜も続きます。

お母さんの柔らかな腕に抱っこされた赤ちゃんは、心の底から可愛いと思っているお母さんから、優しい声であやされ、授乳、頬ずり、オムツの交換をしてもらうたびに、満足し、安心し、やがて静かに眠ります。こんな母子密着育児により、赤ちゃんは少しずつ成長にもっとも大切な「安心感」を貯えます。同時に、母と子の心のふれあいの基礎と、コミュニケーションの基礎が培われ始めます。また、こうした母子の密着した育児が続く道のりのなかで、お母さんは献身的な母性愛を育てていきます。

(2) 話すことの基本練習になります

人間の話すという活動は、瞬間的に息を深く吸い込んで、その息を、ながーく、ほそーく、吐き出しながら声にして、発音やことばを組み立てていくことです。そして、呼吸の調節をしながら、発声と発語の繰り返しが話すということになります。

泣くことも、息を瞬間的に短く吸い込んで、ながーく、その息を吐き出しながら発声して(泣いて)います。泣くことを見直してみますと、泣くことは同時に、話すことの基本練習になっていることがわかります。

(3)　全身の運動になっています

赤ちゃんの泣き方は、両腕や両脚、胴体などの全身を大きく使って、叫ぶような大声で泣き続けます。こんな元気な泣き方は、毎日、全身の運動をしていることにもなっています。

2　安心感の貯えは心とことばの成長の源です

お母さんは、誕生して間もない赤ちゃんに献身的な育児で、「安心感」の貯えをしています。その「安心感」の貯えを源にして、赤ちゃんを成長させています。赤ちゃんの成長の様子を、田口恒夫先生(お茶の水女子大学名誉教授)は、次のイラストを利用して解説(田口恒夫著『育児とことば』弓立社発行より)しています。私なりに、その解説をイラストの下に要約してみました。

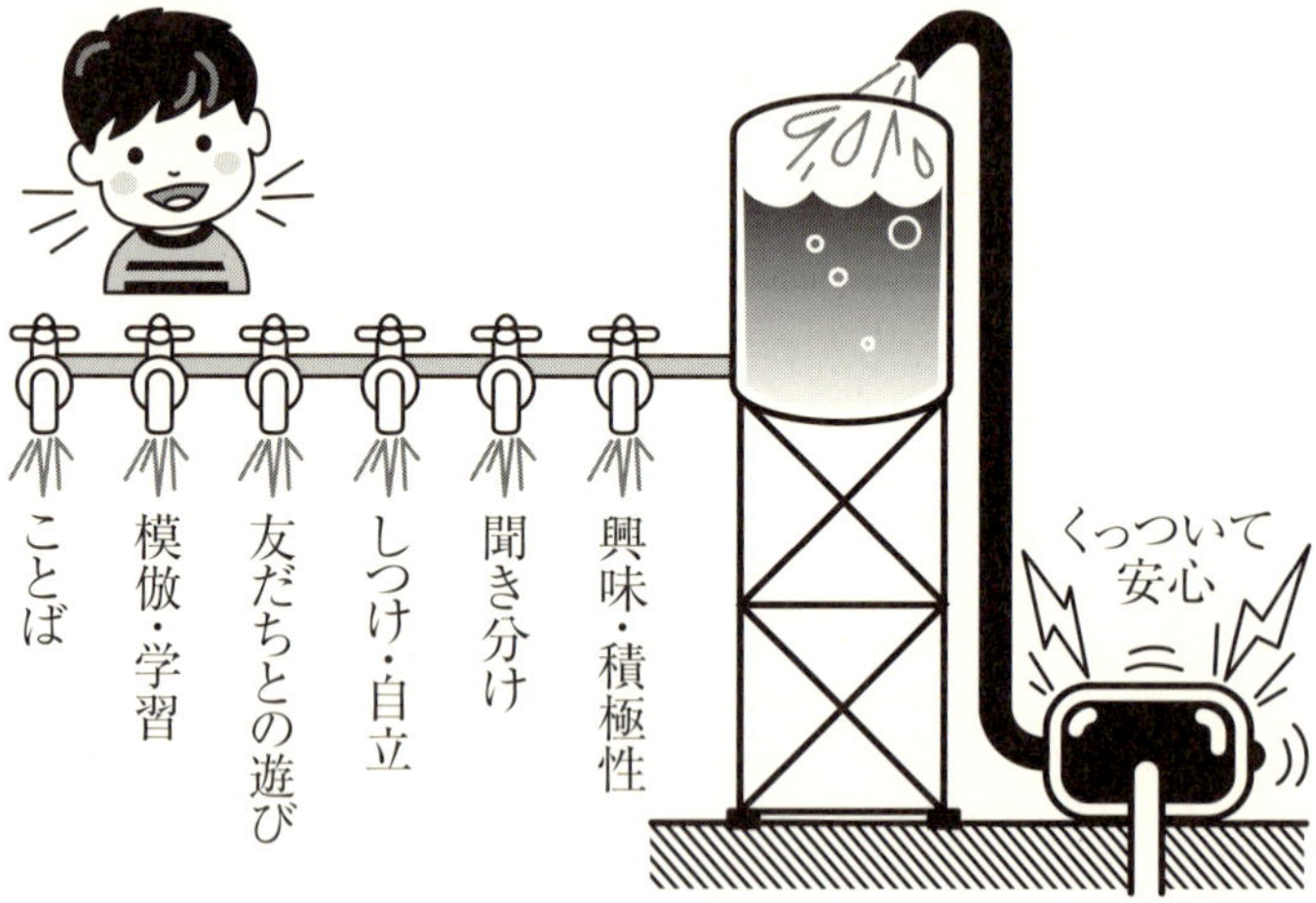

安心感の貯え－心とことばの発達過程－

○いつも母親は子どもにくっついていて、子どもを安心させ、可愛がり、安心感を貯えてあげています。すると、エンジンが猛烈に動き始めて子どもの心のタンクに、パイプで「安心感」を送り続けます。「安心感」がタンクにいっぱい満たされます。

○やがて赤ちゃんは、周囲の人や動物など、いろいろなものをじっと見つめたりする「興味」の心の芽が成長して、第一の蛇口から「興味」が流れ出ます。子どもは興味をもったものに手で触ったり、いろいろなものをじっと見つめたりする「積極性」の心の芽が伸びて、蛇口から流れ出て(成長して)きます。

○「だめ！」「いいよ」などの人の言うことばを、「聞き分け」る心の芽が成長し、第二の蛇口から出てきます。

○やがて、「自立心」の芽が育ち、自律的な「しつけ」の心の芽も伸びてきます。

○「友達との遊び」を始め、人の動作やことばの「模倣」が盛んになります。

○おのおのの蛇口から心の芽が噴き出し、「心やことば」は成長します。

子どもの心のタンクに「安心感」を貯えてあげると、子どもはすくすくと成長することが理解できます。考えてみますと、人間の一生にとって安心感を求めたり、貯えることは、空気と同様に生きるためには必要不可欠なものです。

3　赤ちゃんはことばの芽でコミュニケーションをしています

ゼロ歳の赤ちゃんは、泣き声、発声、表情、身振りなどで、お母さんをはじめ周囲の人とのコミュニケーションを続けています。正式のことばを話す前の泣き声、発声、身振りなどは、「ことばの前のことば」の役割を果たしています。この「ことばの前のことば」は、植物の成長にたとえますと、「ことばの芽」と言えるもので、このことばの芽で立派に周囲の人とのコミュニケーションをしています。この心の芽とも言える「ことばの芽」をあらためて見直す必要があります。では、ことばの芽(ことばの前のことば)とは何でしょうか。それを次に列挙しましょう。

泣き声　泣き声でお母さんを呼び、授乳、おむつ交換、抱っこ、眠ること、痛いなどを訴えてきます。

発　声　自分から声を出して遊ぶいわゆる「喃語」(発声遊び)が、少しずつ社会性を帯びてきて、さまざまな発声の仕方をして、自分の気持ちを伝えてきます。

表　情　笑ったり、あくびをしたり、咳払い、驚き、さびしい、痛い、嬉しいなどの気持ちを、いろいろな表情で伝えてきます。「いいお顔」「バンザイ」「シャンシャン」などの可愛い表情をしてきます。

身振り　音のしたほうを見たり、首を回す、ニギニギ、バイバイなどの手の動作をします。腕を振ったり、体で表現したりします。

意味不明なことば　独り言のような意味不明で未熟なことばを、一歳過ぎから二歳頃まで話します。ことばの遅れた子どもは、小学生になっても意味不明なことばをずっと話します。

指さし　犬や猫が見えたときや、知っているもの、欲しいものを指さして教えます。

行　動　ときには、体全体で気持ちを表して、周りの人を喜ばしてくれたり、困らせたりすることもあります。歩けるようになると、お母さんの手を引いて、冷蔵庫の前まで連れて行って、欲しいものを出して欲しいと、仕草で伝えてきます。

4　ことばの表現力・理解力は小さいステップで伸びていきます

ここで、ゼロ歳から三歳までの、ことばの理解力と表現力を示す、年齢ごとのことばの成長の大きな目安（田口恒夫『言語発達の病理』医学書院から引用、抜粋）を紹介します。

①０歳児　いいお顔の芸、マンマと催促します

〈理解力の伸び〉

１ヶ月　大きい音、思いがけない音でビックリする。

2ヶ月　音のしたほうへ首をまわす。
3ヶ月　母の声を聞きわける。
4ヶ月　歌を歌ったり口笛を吹いたりすると、じっと耳をすまして聞き入る。
7ヶ月　音を出すおもちゃを喜ぶ。
9ヶ月　「イヤイヤ」「ニギニギ」「バイバイ」の動作をする。
10ヶ月　「パパはどこ?」などと父母のことを問うと、そちらを見る。
11ヶ月　どのような状況のときでも、「バイバイ」と言うと、その意味が分かり、それに答えて手を振る。

〈表現力の伸び〉

1ヶ月　脇にいてもらいたいかのように、泣くことがある。
3ヶ月　顔をじっと見て、「オークン、オークン」とお話しする。
5ヶ月　「ウーウー、オーオー」などと声を出しながら、一人遊びをする。
7ヶ月　何か欲しいとき、声を出して大人の注意をひく。
8ヶ月　「ママ」「ダダ」のようにひとつの音を二度繰り返して言ったり、犬を見て「アッアッ」と言ったりする。
10ヶ月　「マンマ」と言って食事の催促をする。
11ヶ月　「ママ」「パパ」以外に、自分からことばをひとつ言う(たとえば、「ブーブー」とか)。

②1歳児　絵本やお話に興味が出てことばが増えます

〈理解力の伸び〉

1歳0ヶ月　「ちょうだい」と言うと、おもちゃをくれる。

1歳2ヶ月　話しかけられるのをとても喜ぶようになる。ニコニコして聞いている。

1歳3ヶ月　絵本を見て、「ワンワンどこ」と聞くと、いくつか分かる。

1歳6ヶ月　しきりと本を読んでもらいたがる。読んでもらいたくて、ママのところへ絵本を持っていく。

1歳9ヶ月　絵本なしで、身辺の話や物語を聞かせてあげると喜ぶ。

1歳10ヶ月　人形の頭、口、耳、手、足、目などが分かる。

〈表現力の伸び〉

1歳0ヶ月　手を振りながら「バイバイ」と言う。

1歳1ヶ月　「言ってごらん」と言われなくとも、自分から二〜三の単語をしゃべる(パパ、ママ、ブーブー、バイバイ、ワンワンなど)。

1歳3ヶ月　絵本を見て知っている物の名前を言ったり、指さしたりする。

1歳5ヶ月　言えることばが五つ以上ある。

1歳6ヶ月　表現語いが、少なくとも二十五語ある。

1歳7ヶ月　特定の目的のために、いくつかの身近な物の名前を使う(たとえば「クック」と言って、靴を取って欲しいという要求を表す)。

1歳9ヶ月　二語文を言う(「オンモ　イク」「パパ　イッタ」など)。
1歳11ヶ月　代名詞を言う(「ココ」「アレ」「アッチ」など)。

③2歳児　何度も聞きたがりまとまったお話ができます

〈理解力の伸び〉

2歳0ヶ月　「おやつのあとで粘土して遊ぼう」などの二つのことがらを言われても、それを理解できる。
2歳6ヶ月　好きになったお話を何度でも聞きたがる。
2歳6ヶ月　「あした」「あとで」「いつか」「もう時間だからね」「やってしまったらね」などと言うことばが分かる。
2歳9ヶ月　「この絵のなかで歩いているのはどれでしょう?」「すわっているのは?」など、よく知られている動作を描いた絵を見せると、正しく指すことができる。

〈表現力の伸び〉

2歳0ヶ月　いちいち「なあに?」と聞く。三語文を言う(「パパ　アッチ　イッタ」など)
2歳2ヶ月　「もう一つ」と言って要求する。
2歳2ヶ月　日常の会話で五十以上の語いを用いている。
2歳6ヶ月　格助詞(が、に、は)が使える。
2歳6ヶ月　「行った」とか「来た」というふうに、動詞の過去形が使える。自分のことを言うのに、「ぼく」「わたし」と言う。

二　心とことばの成長を支える条件があります

1　安心感の貯えは心とことばを育てる土壌です

安心感を貯えることは子どもが成長するまで続きます。あらゆる場面で貯えてゆこうとします。子どもにとっては、いつでもどこにいても必要なものが安心感です。

たとえば、子どもが大切にしているおもちゃの車や可愛い人形が壊れてしまったときに、子どもは驚き、悲しみ、ショックで打ちのめされます。こんな場合に大人は、すぐに修理すれば、特に心配はないと考えるかもしれませんが、子どもには大事件です。お母さんは、このようなときに、子どもの気持ちを吸いとってあげるように子どもの話に耳を傾け、それから子どもを慰め、元気を取り戻すように励ますことが大切です。お母さんの存在は、子どもにとって「心の安全基地」「心の港」「安心感を貯えるための基地」なのです。子どもの気持ちになってあげることで、子どもは失った安心感や自信を取り戻すことになります。

また、遊園地や園・学校などで、子どもはいじめにあうかもしれません。いじめられて、泣いてお母さんの所に帰ることがあるでしょう。こんなときも、お母さんは子どもにとっては、「心の安全基地」

的な存在です。お母さんは、お母さんの「心の安全基地」で元気を取り戻した子どもに、ふたたび子ども達のなかへ戻って行くように励ましています。

このように、子どもの安心感を貯えて、親子の心のふれあいを強めることは、植物の成長に欠かせない肥沃な「土壌」づくりにたとえることができるでしょう。植物には豊かな「土壌」がないと、立派に成育しないのに似て、子どもの心もことばも、子どもの安心感の貯えや親子の心のふれあいという豊かな土壌がないと、子どもの心とことばは豊かに成長しません。この点は、第二部のはじめで、もう一度、触れてゆきます。

2　お母さんはこんなことばかけをしましょう

「安心感の貯え」「親子の心の絆」を強める方法を考えてみましょう。赤ちゃんだけでなしに、成長盛りの子どもへの接し方、話しかけ方のポイントを、十項目にまとめてみました。ここでは、赤ちゃんとして書いてありますが、赤ちゃんを幼児・児童に置き換えてみても、同じことが言えます。

(1)　ゆったりした気持ちでことばかけをします

静かな落ち着いた雰囲気のなかで、お母さんの愛情を赤ちゃんの心の鏡に映すように、落ち着いた気持ちでゆったりと話しかけます。

(2)　ゆっくりした口調でことばかけをします

ゆっくりした口調での話しかけ方は、聞いている赤ちゃんの気持ちをゆっくりと落ち着かせます。ゆっくりした話しかけ方は、お母さんの愛情表現をことばかけで伝えている感じがします。

(3)　愉快な表情や声でことばかけをします

ニコニコした愉快な表情、愉快な楽しい感じの声で、楽しげに話しかけているお母さんの姿をしばしば見ることがあります。こんな話しかけの姿は、見ているだけでも楽しくなります。

(4)　好きな絵本で遊び、読み聞かせをします

おもちゃのように使える魅力的なしかけ絵本で、遊ぶことから読み聞かせへと移っていきます。ことばや知識を、教え込もうとする読み聞かせではなく、絵本で楽しむように心がけます。

(5)　同じ高さの目線でことばかけをします

お母さんは赤ちゃんの低い目線にあわせ、いつも顔の真正面から、三十センチメートル程の距離を置き、ゆったりと話しかけます。目と目をあわせて話しかけるだけで、互いの心が通じあいます。

(6)　分かりやすいことばでことばかけをします

赤ちゃんに分かりやすい幼児語を多く使って、動作やしぐさをたくさん使って、楽しく話しかけます。成長のレベルにあわせて、理解できることばを選んで話しかけます。

(7) タイミングのよいことばかけをします

その場そのときの状況にあわせた、タイミングのよい話しかけ方をします。「あ、ワンワンよ」「パパよ、パパだよ」「ブーブーよ」「ゴトン、ゴトン、デンシャね」などと、状況にあった、タイミングを逃さない話しかけは、ことばの理解を助ける大きな助けとなります。

(8) 共に感じあうような聞き方をします

お母さんは、赤ちゃんの気持ちを吸いとるような、共に感じあうような上手な聞き方をします。

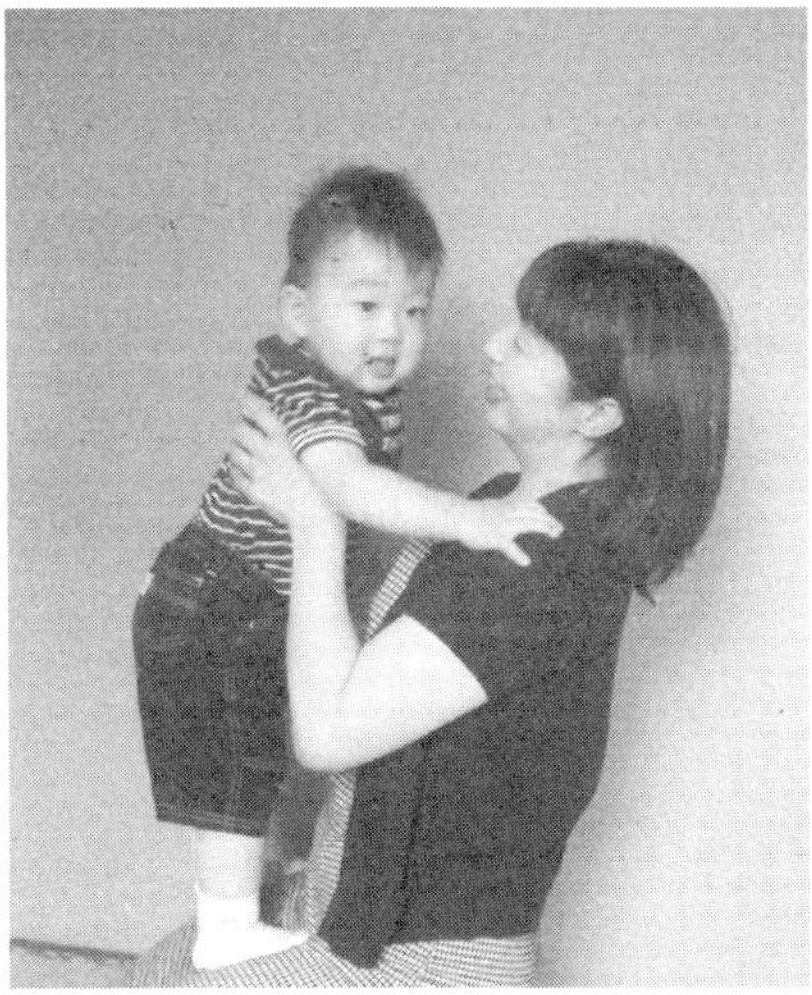

抱いて同じ高さの目線で話しかけます

「そうね、そうなの」「うれしいね」「よかったね！」「おいしいでしょ！」

「ごめん、ごめん。いたかったね」などと、赤ちゃんのうれしさ、気持ちよさ、味の旨さ、体の痛さなどを、共に感じあうような聞き方をします。

(9) 批判せずに完全なことばでことばかけをします

ことばの発達途上の赤ちゃんのことですから、不完全なことばや発音は当たり前です。そのことばや発音を、いちいち批判せずに聞いてあげます。話し終わった後、すぐに完全な発音やことばで、次のようにお返しをします。

子「ウ、ウ」→母「あ、ブーブーね、パパのブーブーよ」

子「ヮウ　ヮウ」→母「ワンワンね　ワンワンよ」

(10) ご機嫌のよいときにことばかけをします

赤ちゃんがよく眠った後で、空腹でもなく、ご機嫌のよいときに、以上の九つの条件を満たして話しかけていきます。手を振り、体をゆすり、喜びそうなたくさんの遊びを取り入れながら、興味深く話しかけます。

＊

幼児語とは：幼児だけが使うことばで、犬のことを「ワンワン」、猫を「ニャーニャ」と、鳴き声や様子に似せて言うことばです。子どもがことばを身につけていくうえで、誰もが通過する段階のことばです。幼児語そのものは、ことばの発達途上で消えてしまい、正常なことばに成長してゆきます。子どものことばの発達レベルにあわせて、幼児語でことばの刺激をしてあげると、子どもには覚えやすく有利なので、積極的に使われています。

幼児音とは：幼児特有の未熟な発音のことです。たとえば、幼児は「オカシ」を「オカチ」、「ヒトツ」を「ヒトチュ」と言います。子どもの未熟な発音は、発音の発達途上で当然な現象で、どの子どもにも見られます。この未熟な発音に似せて、可愛らしい発音で話しかけても、子どもへの利益はありません。むしろ、害を残すことが多いのです。正しい発音での話しかけが、子どもの発音の発達には有効です。

三　心とことばの成長を妨げる条件があります

1　あまり泣かない赤ちゃんは注意が必要です

昔から、「泣く子は育つ」と言われていますが、赤ちゃんの泣くことは、その後の成長と重大な関係があります。ところが、生まれつきあまり泣かない赤ちゃんがいます。

また、誕生後の数週間はよく泣いていたのに、赤ちゃんへの接し方などで、次第にあまり泣かなくなってしまう赤ちゃんもいます。抱き癖をつけると子どもの将来によくないと言われたりしていることから、泣いても抱っこしてあやさず、その結果、赤ちゃんが泣かなくなってしまうこともあります。

あまり泣かない赤ちゃんのことで、筆者が平成四年から平成八年の五年間に、千葉県内の教育センターや福祉センターなどの「ことばの発達相談」でお会いした、一六六組のお母さんと子どもの調査結果があります。

相談に見えたお母さんに、よく泣いた赤ちゃんか、あまり泣かなかった赤ちゃんかをたずねました。

そして、あまり泣かない赤ちゃんには、次のことをお母さんにお聞きしました。

○誕生後、よく泣いた赤ちゃんで、育児に手がかかり、抱き癖がつきましたか。

表3−1　あまり泣かない子の心とことばの問題（平成4年〜8年調査、面接した母子の件数166件）

よく泣き甘えなつき、後追いした	68人(41%)
あまり泣かず、甘えなつかず、後追いしない	98人(59%)
合　　計	166人(幼児:119,小学生:47)

表3−2　ことばの障害種別ごとの人数(数値は人数)

	合計	ことばの障害の種別				
		構音障害	ことばの遅れ	吃音	口蓋裂	難聴
よく泣き甘えなつき、後追いした	68	49	14	5	0	0
あまり泣かず、甘えなつかず、後追いしない	98	49	32	13	2	2
合　　計	166	98	46	18	2	2

※166人の子ども達のなかには、自閉的な子と知的障害の子が、10人前後含まれていました。

○一歳になり歩くようになってから、お母さんに甘えたり、なついたりして、お母さんの後追いをしましたか。

お聞きした結果は表3―1に、その子どものことばの障害の種別を加えた結果は、表3―2のとおりです。これらの表から、次のことが読み取れます。

全体から分かることは、あまり泣かない赤ちゃんであったために、抱き癖がつかず、お母さんに甘えなつかない子が、全体の五十九パーセントもいることです。ことばの障害種別ではどうでしょうか。ことばの発達の遅れている子と吃音の子に、お母さんに甘えずなつかず、後追いをしない傾向が際立っています。

この調査結果は、育児上、教育上の重大な問題をあらわしています。というのは、ことばの遅れや障害のある子は、あまり泣かず、甘えなつかず、後追いしない子どもが半数以上を占めているということです。この数字はあまり泣かない子の両親、家族、そして周囲の関係者が、あまり泣かない子の問題に無関心であり、問題の認識があまりないことのあらわれといえるでしょう。このことは、いま子どもの成長にとってもっとも危険なことと言えます。

2　便利な育児用品が成長の妨げとなることがあります

子どもに「安心感を貯え」、親子の「心の絆」を強める育児の立場から、四、五十年前の昔と今の育児の違いをくらべてみます。

（昔）　　　　　　　（今）
母乳……………………人工乳
木綿おむつ……………紙おむつ
背負い紐………………乳母車、バギー

母乳の場合には、お母さんが赤ちゃんを抱っこして、声をかけながら体を揺すり、あやし、おっぱいを飲ませ、安心させる母子の密着育児が十分にできます。こうして、母性愛、母子の心のふれあい、安心感の貯え、コミュニケーションの基礎が育っていきます。

人工乳の場合には、授乳の場合の抱っこやあやし行動の回数は少なくなり、母子密着の育児が崩れやすく、安心感の貯え、母子の心のふれあい、コミュニケーションの基礎づくりは、どうしても母乳にくらべて不利になります。

木綿おむつの場合には、排泄ごとに不快感を訴えて泣いてお母さんを呼んで、そのつどおむつの交換をしてもらい、声かけや体を揺すったりして愛撫を受けます。おむつの交換の回数は、一日に最低で十五回ぐらいが必要です。

紙おむつの場合には、乳児の排泄が同じ回数でも木綿おむつの交換回数の三分の一ほどですみますから、母子の接触回数も減ります。ということは、泣く回数も減ってしまいます。便利な紙おむつは、お母さんの手数が少なくてすみますが、便利さゆえに、泣く回数と抱っことあやす回数は減り、母子の密着の度合いは明らかに少なくなります。

背負い紐(道具)によるおんぶの場合には、直接の赤ちゃんとの肌の接触があり、体を揺すったり、手を添えたり握ったりしてスキンシップが十分にとれます。また、「ワンワンよ」などと、声かけと体を揺すったりして、体ごと、子どもと一体になり、子どもの興味を刺激してあげたりすることが可能です。

乳母車、バギーの場合には、親子の肌の接触はまったくありません。離れたところからの声かけだけで終わります。どうしても一体感が希薄になります。

以上の三つの育児用品から、便利な育児用品の多用には、便利さの裏に隠れた、育児の落とし穴がたくさんあることが分かります。この落とし穴を知ったうえで、安心感を貯える母子密着の育児を目指したいものです。

抱き癖をつけない育児で失敗したお母さんの体験談をご紹介しましょう。

「姑から、『抱き癖をつけるような甘やかした育児をすると、独立心の育たない将来問題のある子になるので、泣いても放っておきなさい』、という姑のアドバイスがありました。ですから、泣いても放っておき、人工乳で育児を続けて、スキンシップのないままの育児になり、育児に手のかからない子になりました。

その結果は、誕生日を過ぎても、一言も話しませんし、私に甘えなついてきません。独立心も育ちません。翻訳の育児書にあることも、姑のアドバイスも同じでした。……」

「甘やかし」と「甘えさせ」の育児の違いを理解しないまま、自立心、独立心を早く育てたい気持ちで、抱き癖をつけない育児をしてしまって、たいへん残念な結果になってしまった事例です。

3　子どもの周囲の状況が妨げとなることがあります

(1)　お母さんや家族の健康状態などの影響が妨げとなります

お母さんの体調が長い期間悪いと、健康なときのような明るい愉快な表情で、子どもへのことばかけはできません。そして、よい遊び相手役も困難になります。その結果、母と子の心のふれあいが、どうしても弱くなります。また、お母さん以外の家族に長い期間患う病人がいますと、お母さんは長い期間にわたる病人の介護が必要になり、育児と介護の両立にひどく疲れてしまいます。

このような健康面からの悪い条件は、子どもの心とことばの成長を、妨げてしまう要因の一つになりがちです。

(2)　家族の人間関係や夫婦関係の影響が妨げとなります

お母さんが家族の一人に気になることがありますと、毎日、神経をそのことで使い過ぎてしまいます。そのために、育児へのゆったりとした気持ちは維持しにくくなり、子どもへのゆっくりとした話しかけは、とても望めないことになります。まして、夫婦の間にトラブルがありますと、子どもへの影響は重大なものになりかねません。

(3)　祖父母との育児方針のずれなどが妨げとなります

同居している祖母また祖父が、「抱き癖をつけるような甘やかしの育児は、子どもを将来的に問題のある人間を育ててしまう」という強い考え方で子どもを厳しく育てました。そのようにして育てられ、いやな感情を抱きつづけてきた母親は自分の体験から逆に、子どもの気持ちを受け入れながら、十分に甘えさせ、安心感を貯えながら子育てをしたいと考えています。このような場合、祖母祖父と母親との対立が激しくなれば、一番の被害者は子どもになります。

(4) 子どもの病気、心身の障害などが妨げとなります

お母さんをはじめ家族は、子どもに心身障害や病気などがありますと、その子の看病、介護に気をとられ、のぞましい育児ができなかったり、他の子どもへの気遣いが不足がちになります。

4 子どもとの接し方の癖が成長の妨げとなっています

親子ぐるみの発達相談で、筆者が気になる母子関係と問題点を考えましょう。

(1) 注意、禁止、催促のことばかけが口癖になっているお母さん

子どもに向かって、一方的にガミガミと注意や禁止、催促のことばかけが癖になっているお母さんです。一方、子どもを認めたり褒めたりすることばかけが、極端に少なかったり、まったくないお母さんがいます。

毎日、ガミガミと怒鳴られるように注意や禁止のことばを聞く子どもは、お母さんへの愛情の欲求

不満からイライラして落ち着きがなくなり、自信を失い、消極的になり、お母さんへの不信感を強めてしまいます。安心感の貯えが、極端に少なくなりがちです。

(2)　子どもの気持ち・要求をいつも退けてしまうお母さん

「お母さん、こっちを見てよ」「お母さん○○してよ」「△△が欲しい」などの要求、希望などを即座に拒んだり、「手を離せないから、あとでね」などと、その場限りのことばを言って、子どもの気持ちを少しも受け入れようとしないお母さんです。このような子どもへの反応の積み重ねは、お母さんへの不信感と欲求不満を強めます。そしてお互いの心のふれあいを弱め、ほかのタイプと同様に、親子の「心の谷間」をつくってしまいがちです。

(3)　童心に返っていっしょに子どもと遊ばないお母さん

子どもはお母さんといっしょに遊ぶだけで、愛情を感じ、大いに満足し、お母さんが大好きになり、安心感を貯えます。大人は童心に返らないと、子どもとの遊びは楽しめません。子どもの年齢に関係なく、親子での遊びは、子どもの心とことばを育てる源になります。

(4)　きょうだいの公平な育児に悩むお母さん

子どもは自分の弟妹の誕生によって、お母さんが弟妹の世話に明け暮れて自分をかまってくれないことが多くなると、お母さんを弟妹に奪われてしまったような気持ちになります。そしてお母さんからは、「お兄(姉)ちゃんは、一人で遊んでいらっしゃい」と言われ、冷たい扱い方を受けがちになります。こんな状態が連続しますと、子どもは愛情の欲求不満を起こします。

(5)　育児に自信がなく、テレビ・ビデオ中心の育児を続けるお母さん

どんなときに、どんなことばで、どのように叱ったり褒めたりしたらよいか、叱り褒める割合はどの程度がよいのかなどと、育児の実際場面で悩むお母さんが多くなりました。また、核家族化などの影響もあって、育児に自信のないお母さんの増加があります。一部のお母さんは、テレビやビデオまかせの育児を続けています。

(6)　子どもに完璧さを求め過ぎるお母さん

「ほら、きちんと…」「ていねいに！」などと、さまざまなことに自分からみた完全さを子どもに求めてしまうお母さん方です。子どものやることは、幼稚で、遅くてあたりまえです。不完全さが目立つのは子どもの普通の状態です。子どもへの要求水準が高いお母さんは、そのことがどうしても許せず、我慢できません。その結果、子どもは自信を失い、お母さんへの欲求不満、不信感を強めます。

(7)　登園登校を渋る子どもで悩むお母さん

安心感が貯えられ、自立心、独立心、友達への関心などが育ってきますと、何時間も母と子の分離ができて、通園通学が可能になります。しかし、四歳、五歳、六歳の年齢に応じた安心感の貯えのない、心の成長の遅れがちの子どもは、毎日の登園登校を渋ったり、拒んだりします。登園登校を渋るのには、安心感の貯えの不足以外に、いろいろの理由がありますが、お母さんにとっては大きな悩みとなります。

(8) 親子二代三代と続く育児の連鎖で悩むお母さん

お母さん自身が、子ども時代に親から受けた育児を、わが子にも続けてしまうことで悩むお母さん方です。問題となるのは多くの場合、親子二代三代と続いてきたガミガミ育児や体罰の連鎖の育児です。童心に返って楽しく子どもと遊べず、子どもについ手がでてしまうといったことで悩みます。

(9) 子どもが好きになれないで悩むお母さん

お母さんと相談を進めていますと、「私、どうしても子どもが好きになれない」と告白される場合があります。母性愛の育ちそびれで、子どものよい遊び相手、よい聞き手役ができません。先に記述した育児の連鎖が原因の場合もあって、子どもを愛せないで悩んでおられます。子どもの問題や障害を受け入れられないために、子どもを好きになれない場合などもあります。

(10) 万事人まかせの育児をするお母さん

育児は万事、祖父母まかせ、お手伝いさんやベビーシッターまかせにするお母さんがいます。入学するまで、子どもと汗を流して遊んだ経験のないお母さんもいておどろきます。

このような気になるお母さんのタイプから、母子密着の育児ができなくなり、さまざまな成長の遅れを示し、子どもは、おねしょ、爪かみ、吃音、チック症、ことばの遅れなどの救助サインを発信することになります。そして、子どもの心とことばの成長に重大な影響を及ぼすことになります。

5　子どもの抱える心身の条件に左右されます

心とことばの成長を妨げる条件として、子どもの発達状況が関係することがあります。代表的な原因を考えましょう。

(1)　知的な発達の遅れは強い関係があります

知能とことばの成長は、きわめて深い関係があります。知能の発達の遅れた子ども達のすべては、ことばの成長の遅れがあります。重度の知的障害の子どもほど、ことばの成長がひどく遅れてしまいます。

(2)　聞こえの障害は大きな影響があります

ことばの入り口・知識の入り口にあたる、聞こえに障害がありますと、耳から入る情報に重大な制限が加わりますから、子どもの心とことばの成長には大きな影響があります。

(3) 心(情緒)の成長の遅れや不安定さも影響があります

心とことばは、もともと二つに分けては考えられません。心(情緒)のすこやかな成長が、人間の教育では大切だと言われてきていますが、このことは、ことばの成長にとってとくに大切です。6ページの「安心感の貯え」の水道タンクのイラストのように、安心感の貯えが成長の基礎であり、ことばの成長は心とともに成長しています。

(4) 中枢神経系の支障は大きく影響します

私どもは、中枢神経系(刺激を受け、コントロールし、命令する脳の大事な神経)の働きで、人の話を聞いたり、人と話したりしています。ですから、中枢神経系の支障がでますと、聞く話すことには重大な支障が出てきます。このことは、多くの脳性まひの子ども達が、ことばの障害をもつことからも理解できます。

(5) 発語器官の形や働きの問題も見逃せません

食事のときに使う唇、舌、歯、口蓋(口の内部の上側で、口腔と鼻腔との間の部分)などのことを、発語器官と言います。この発語器官の形や動きぐあいが悪いと、話すことに支障がでて、発音の獲得ができません。赤ちゃん時代から発語器官の形や働きに問題がありますと、ことばや発音の獲得に支障がでます。

四　成長の遅れはさまざまな条件が絡みあい起こります

1　子どもだけの問題ではありません

これまで、心やことばの成長を支えたり、妨げたりする条件（要因）を考えてきました。これらの要因が重なり絡みあいますと、心とことばの成長が遅れたり、偏ったりします。ですから、子どもの心やことばの問題は、子どもだけの問題ではなく、周囲の人々、ひろくは社会全体の人達がかかわっているといえます。

ことばの成長の遅れは、ことばの発達が遅れたり、構音（発音）の不明瞭、吃音、声の異常としてあらわれます。また、口蓋裂、難聴、脳性まひ、知的障害、自閉症、小児失語症などの子に、ことばの障害はあらわれます。

心の問題が原因で生じることでは、おねしょ、頻尿、おもらし、夜驚症、チック症、円形脱毛症、爪かみ、季節を問わない就寝後の寝汗などがあります。また、情緒障害、学習障害、多動性、緘黙などが考えられます。

2　早目の相談のすすめ

この機会に、子どもの心やことばの相談や支援をする、学校や幼稚園のことばの教室、教育センター、福祉センター、療育センター、大きな病院のことばの相談室、児童相談所、聾学校、養護学校、養護センター、障害児通園施設、保育所、大学のことばの相談施設・機関に電話で予約して、相談を受けられることをお勧めします。子どもを両親が同伴されて、早目の相談を受けましょう。育児に安心感をもち、希望のある育児をすすめることが大事です。

第二部　愛して育てる心とことばの育児と支援

一　心とことばを育てる土壌づくり・安心感を貯えます

1　子どもを可愛がり、よい遊び相手役になりましょう

(1)　育て直すつもりで遊びましょう

第一部の安心感の貯えのイラストで解説しましたように、子どもを喜ばせ楽しませ安心させることを心がけます。母と子の楽しい遊びを続ける育児を続けているうちに、子どもは心のタンクに、あふれるほどに安心感を貯えることができます。この安心感の貯えを、植物の成長にたとえますと、次のページのイラストのようになります。

母と子の心のふれあいを強めることは、子どもの成長のための「安心感を貯える」ことで、心とことばが育つための「豊かな土壌づくり」に当てはまります。もし、これまでの土壌が貧しく、安心感の貯えがないと思われるときは、お母さん、家族、保育士、教師は、まず、次のことに努力してみましょう。

子どもを「大きくなり過ぎた赤ちゃん」と思って、これから「育て直しの育児」をするつもりにな

心とことばと安心感の関係

って愛して育ててゆくのです。「肌の接触の多い遊び」を毎日のように楽しみましょう。徹底して、子どもの遊びに付き合います。

久しぶりに創造的空想的な童心に返って、夢中で、時間のたつのも忘れて、子どもと遊びを楽しみます。次のような種類の遊びを子どもは喜びます。

①抱っこやおんぶをしてあげる。
②お馬の親子遊びをする。
③相撲ごっこ、腕相撲、プロレスごっこをする。
④高い高いの遊び、毛布に子どもを乗せての空中ブランコ遊び。
⑤互いの背中を合わせて、「ギッタンバッタン遊び」。
⑥いっしょに入浴して、いろいろな遊びを楽しむ。
⑦抱いてあげながら、読み聞かせやお話をしてあげる。
⑧いっしょに眠る。読み聞かせながら眠らせる。
⑨肩車(幼児と父親)、その他。

(2) 赤ちゃん返りを歓迎しましょう

お母さんが子どもとの遊びに夢中になりますと、子どもはお母さんから愛されていることを体で実感して、なつき始めたり、お母さんにしつこい程まつわりついてきます。これまであまりかまってやれなかった子ども程、甘え出します。ご飯を食べさせてもらったり、お母さんといっしょに寝たり、なかにはトイレの後始末までお母さんに求めたりするなどの、「赤ちゃん返りの現象」が始まります。本格的な赤ちゃん返りが、早い子どもは一日か二日ほどしたら始まります。これまで甘えたりなついたりしてこなかった子どもが、数年分の甘えなつけなかった分を、一度に取り戻すかのように、お母さんに甘えなつき始めます。お母さんや周囲の人が、びっくりする程です。

こんな赤ちゃん返りの現象が出てくるようでしたら、お母さんの子どもの可愛がり方や遊び方は、本物です。なお、このような現象は、一時的な現象ですから、まったく心配はありません。

(3)　一日に五分だけの遊びでもよいのです

親子の遊びを短時間でも楽しむためには、家事を手抜きしたり後回しにしたりして、遊びの時間を生みだしましょう。子どもとの遊びの時間は、はじめは無理せずに、一日に五分間か、十分間ぐらいを目当てにスタートしましょう。子どもとの遊びの時間を生み出すために、父親や家族の協力を受けましょう。

子どもがもっとも喜ぶさまざまな子どもとの遊びや、遊園地や公園などでの遊びや散歩、身近な川、森、丘、砂浜、田んぼなどでの遊びも楽しみましょう。自然やいろいろな施設の遊びをかねた見物、旅行、読み聞かせなど、「子どもの気持ちを中心」にして遊びたいものです。

周囲の人の目を気にせずに、といっても、遊び場と公共の場所との区別はしっかり考えて、子どもとの遊びを楽しみます。こんなに子どもを甘えさせてよいのか、と疑問がある方は、148ページの事例と、66ページの、『「甘えさせ」と「甘やかし」の育児は違います』を参考にしてください。

なお、これまではおもに幼児や小学校低学年向けの全身での触れあいの多い遊びの紹介でした。中高学年以上の子どもの場合、全身での触れあいはつつしまなければなりません。発達レベルに応じて、方法を工夫して遊びを続けるようにします。たとえば、肩に手をかけたり握手したりするなどのあいさつから始めて、ルールをともなう遊びも含めてゆくことが必要でしょう。

2　子どもとの遊びが苦手なお母さんへのメッセージです

(1)　こんな理由で遊びが苦手なお母さんになるようです

①母性愛が育ちそびれているお母さん

お母さんは育児を日夜、無私の精神で、献身的に続けています。母子密着の子育てをしながら、「子どもはなんと可愛いものだ」という感情体験をしますと、自然に母性愛が育ってきます。母性愛は母子の密着育児で育てられ、学習する過程で育ちます。父性愛も母親同様な感情体験で生まれますから、母性愛と同じような学習をとおして育ちます。

ですから、子どもがあまり泣かない手のかからない子どもだったり、万事人まかせの育児だったり、心配事などがあったりしますと、母性愛、父性愛の育ちそびれが起きても当然のことといえます。

②童心に返り、子どもの世界に飛び込めないお母さん

第一部「子どもとの接し方の癖が成長の妨げとなっています」の気になる母子関係などに当てはまるお母さん方は、子どもの遊びに付き合える心のゆとりがありません。童心に返るにはゆったりとした気持ちで子どもと遊ぶことが必要です。それができないと子どもの心の世界に入り込めず、子どもの遊びに付き合えません。

③子ども同士の遊びで十分と思うお母さん

二歳、三歳頃までは、子どものよい遊び相手をしてきたお母さんが、子どもの成長につれて、子ども同士の遊びを重視し過ぎて、親子の遊びの意義を忘れてしまうことが見受けられます。子ども同士、子ども集団での遊びの効用は素晴らしいものがありますが、親子の遊びと両立できると、子どもの心とことばの発達にさらに大きな影響を見いだすことができます。

抱っこをせがむ子どもを
両親で可愛がります

何でも話せる個人面談は気持ちもスッキリします

(2) こんな支援をすすめましょう

なぜ、子どもとの遊びが苦手になるのか、その理由は一つとはかぎらないかもしれません。その点を含みながら支援者は子どもとの遊びが苦手なお母さんへ、次のようなポイントを考慮して支援をしてゆきましょう。

①お母さんのさまざまな愚痴、不満、ストレスなどの感情を吐きだす機会を設けてあげて、気持ちをスカッとさせましょう。心のガス抜きのお手伝いです。定期的なお母さんとの面談、育児メモに自由に感情を吐きだすようにメモする、共通の悩みをもつ親達との交流、親の会、ＰＴＡの各種の集いなど、さまざまな配慮のある支援を進めます。

②こうして、気持ちの安定されたお母さん方には、子どものよい遊び相手役になれるきっかけをつかむように促します。

筆者は、次のような演技をお母さんがするように、アドバイスをしています。

はじめは、母親である自分が俳優になってください。演技する気持ちで子どもと遊びます。子どものよろこぶような遊び相手になり、五分間か十分間でよいのです。演技で遊び相手になり、遊びを楽しんでみましょう。
わずかな時間ですから、徹底して子どもの遊び心に演技で付きあってあげます。二十数年ぶりに、時間のたつのも忘れ、遊びそのものを楽しんでみましょう。繰り返しますが、母親ではない別人の演技者になり、子どもと遊べばよいのです。一度、試みてください。

こんなアドバイスをして、さらにお母さんと話し合い、よい遊び相手になるように励まします。
③子どもたち同士の遊びばかりをすすめておられるお母さん方には、親子の遊びの価値、意義を説明して、理解と協力を求めます。
拙編著『たのしいことばと発音の遊び116』(フィリア発行、星雲社発売)には、ことばの土壌づくりの遊び、ことばを育てる遊びが六十六種類紹介されています。たいへん役立ちます。

3　土壌づくり・安心感を貯える遊びを楽しみます

(1)　遊びの種類とねらい

心とことばを育てる土壌づくりや安心感を貯える遊びには、抱っこ、おんぶ、お風呂遊び、サーカス遊び、ゴロゴロ遊び、お馬の親子、いい気持ちなどがあります。これらの遊びには次のようなねらいや効果があります。

①肌と肌の触れあいを多くすることで、親と子ども、支援者と子どもとの親密さと、心の触れあいを強め、子どもの安心感を貯えます。
②人と遊ぶ楽しさを実体験します。
③人の動作やことばを模倣する気持ちを育てます。
④自分から声やことばをだそうとする気持ちを育てます。
⑤じっと人の話を聞こうとする気持ちを育てます。

(2) 遊び方

①抱っこ

子どもに愛情を伝える手段として、抱っこやおんぶはもっとも自然で最高の手段です。

まず、親、支援者は、立ったままあるいは座ったまま、あるいは椅子やソファーに腰掛けた状態で、子どもを抱っこする機会を多くもつようにします。腕のなかに全身を包み込むようにして、子どもを優しく抱きしめてあげます。そして子どもに、優しく「いい子」「可愛い子」と話しかけてあげます。子どもは、抱きしめられるたびに、満足し、甘え、安心し、安心感でいっぱいになります。そして親や支援者を慕う気持ちを強くするでしょう。

一日に何回でも、抱っこしてあげます。一回にたとえ三分でも、優しく抱きしめてあげます。ときには、抱っこ用の帯の利用もよいでしょう。

病院で泣いたとき、突然犬に吠えられたとき、驚いたとき、体を痛めたとき、寂しかったときなどの抱きしめの効果は大きくなります。子どもは「抱っこで育つ」といわれるほど、抱っこされることを喜びます。

②おんぶ

親、支援者が、子どもを背中におんぶしてあげるのは、抱っこととともに、ごく自然な愛情伝達の姿です。背中のぬくもりを感じとる子どもは、それだけで満足し、安心し、母親や支援者への親密感を強め、安心感を貯えます。

子どもが背中から、親や支援者の首を両腕で巻く形をとる場合もあるでしょうし、腕を丸めて、背中で眠り込んでしまうこともあるでしょう。外出時などは、背負い用の帯や道具を利用することで、長い時間のおんぶが可能となります。

おんぶしていると子どもが、背中を這い登り自分の両足で、支援者や母親の首筋をはさんでまたがったのが、肩車の格好です。子どもの体重と親と支援者の体力が許すなら、赤ちゃん時代の肩車を子どもにしてあげます。

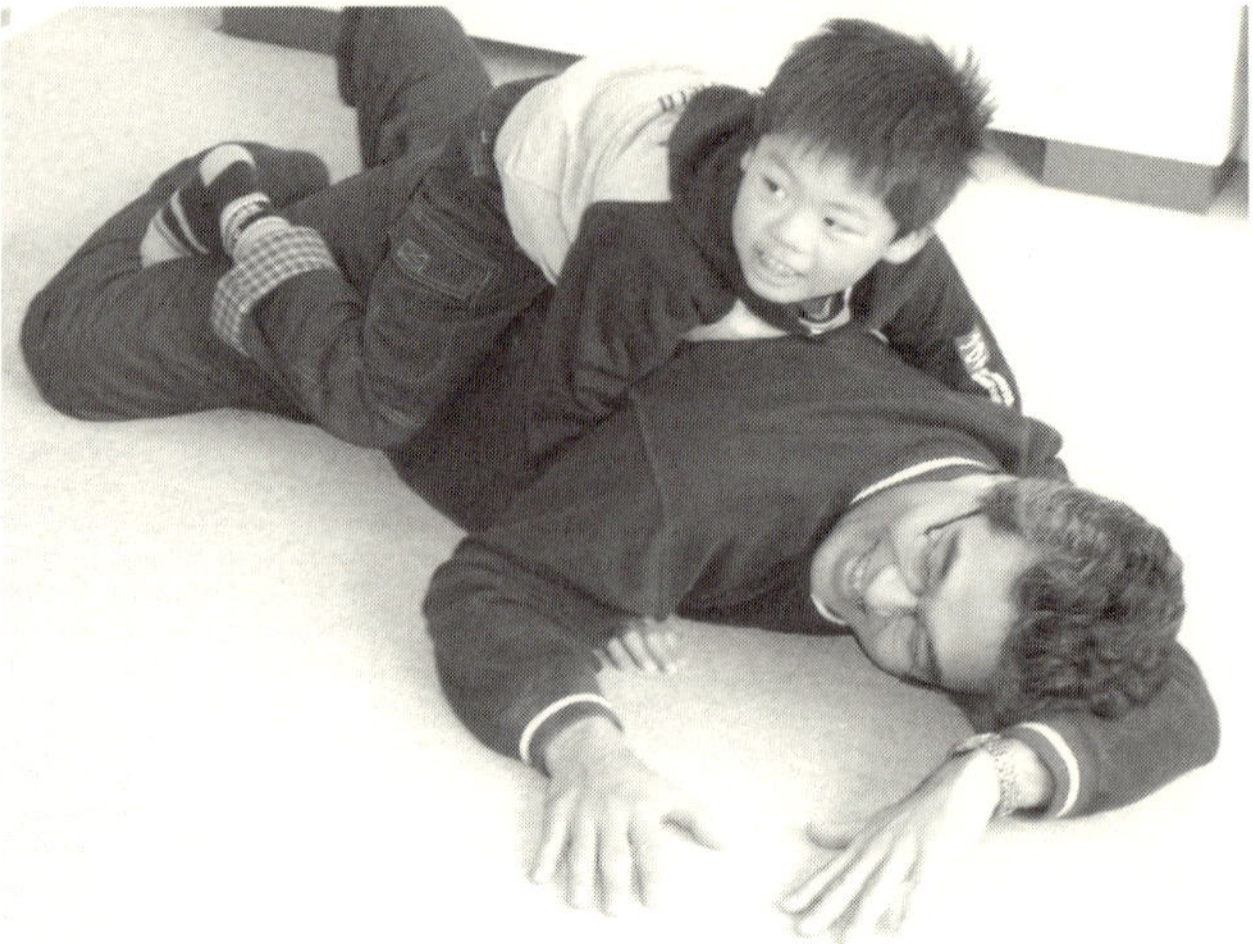

こんな遊び方は親密感を強めてくれます

③ゴロゴロ遊び

親や支援者が子どもといっしょになって、畳やじゅうたんの上に横になり、向き合って、文字通りゴロゴロと芋虫になったように転げ回ります。「虫がゴロゴロ、ゴロゴロゴロ、犬がゴロ、ゴロ、ゴロ」と独り言を言いながら転げまわります。ときどき、子どもに衝突したり抱きしめたりしてあげるチャンスが、多くなるような遊び方にします。遊びのなかで、「ゴロゴロ」「オモイヨ、オモイヨ」などの掛け声をかけて動作すると、遊び方に変化がついて、楽しくなります。また、くすぐりっこ遊びも取り入れます。

レスリングのように立ったり転げ回ったり、相撲をとったり、腕相撲をしたりする遊び方も取り入れて、遊び方に変化をつけます。小さい子どもは、遊びのなかで恐怖感を与えない程度の「逆さ吊り」を取り入れると喜びます。

④いい気持ち

この遊びは古い毛布一枚と、大人が二人必要です。左の写真のように、子どもを毛布に乗せます。毛布の両端を持って空中に浮かして、左右に大きく揺らしてあげます。「いい気持ちでしょ、ユーラ〜ユラ〜」と声をかけながら、毛布のブランコを左右に揺らし、「いい気持ち、いい気持ち」と声をかけて子どもを喜ばせます。歌を歌ってあげたり、掛け声をかけてあげたりして、子どもを喜ばせます。

この遊び方の発展として、子どもの体を毛布で巻いてのり巻きや昆布まきのようにして、巻かれた

毛布のブランコ遊び「いい気持ち」は何度でもやって欲しい

ままの形でゴロゴロと転がす遊びをしたり、空中で揺らすなどの遊びも子どもが喜びます。

4 認め、褒めて豊かな土壌づくり・安心感を貯えます

「三つ褒めて一つ叱る」と、昔から言われています。教育熱心を自負しているお母さん方のなかには、「四つ叱ってばかり」で、子どもの欠点を毎日のように指摘し、欠点のない「いい子」にしたい、という願いの強いお母さん方が増えています。

そこで、次のようなことばかけが、認めたり褒めたりすることばかけの一例です。これらのことばを利用して、一度きっかけをつかむためのことばかけを試みてください。ご自分では、大げさだと思うくらい、認め褒めてあげてください。子どもには大げさなくらいの表現でちょうど適切です。

(1) 認めることばかけの例

「やったあ！」

「くるしかった？　よかったね」

「できた！」

「ぜんぶ食べたね。きれいだね」

「おわったね」

「くつした、ここへ入れてくれたのね」

「痛かったね」

「片付け、終わったの。きれいになったね」

「僕(私)がしたのね」

「ありがとう。手伝ってもらって、ありがとう」

「ぜんぶ片付けたね。きちんとして気持ちいいね」

「痛いでしょ。痛かったわね。だいじょうぶかな」

(2) 褒めることばかけの例

「うまい」

「よくできた。よくできたよ」

「じょうず」

「六十五点なの、がんばったね」

「すごい！」

「がんばったね」

「よく、我慢したね」

「すごいよ。ほんとにすごいわよ！」

「驚いた。うまく描けたよ。すごいね！」

「自分でしまえたのね。いい子だね。感心な子だよ」

「静かに遊べたね。えらい！」
「痛いのによく我慢したね、我慢強いのね、さすが！」
「じょうずだね。さすが、お兄(姉)ちゃんだね」

5　体験手記　●できて当たり前のことを褒めるのです　阿部美知代

ある日の面談の記録から

大熊「子どもが望んだら、何でもやってあげてください。子どもの好きなように、やらせてあげてください。ご飯をこぼしたら拭けばよいし、服を汚したら洗えばいい。そして何でもよいですから、ぜひ、褒めてあげてください」

私　「でも、褒めることがなくて……」

大熊「先ほど、お子さんは自分で遊んだおもちゃを、自分から片付けようとしたじゃありませんか。私の『お片付けしてぼくえらいなあ！』の一言で、とてもよい顔で笑ったじゃありませんか。子どもを褒めることは、こんなことでよいのです。お母さんは、大人の感覚で子どもを見てしまっていますから、できて当たり前、やって当たり前だと思っています。子どもの気持ちを分かってあげましょうよ」

その日、私は泣きながら家に帰った。苦労して産んだ子なのに、可愛いと思っていたはずなのに、でも、うとましいと思う気持ちもどこかにあって、和夫が可哀想で、可哀想なことをしてしまったと思う気持ちで一杯でした。

家に着いてからも、すぐ動く気持ちになれず、今までだったら、「お母さんは、ご飯の支度があるから、あんたたちは遊んでてね」といったところですが、今日は、

「お母さんとお話ししようか」

と二人の子どもを膝に乗せました。時間を気にせず自分も楽しむつもりで……。すると、和夫が言ったのです。

「お母さんご飯の支度忙しいんでしょ。僕遊んでいるからやっちゃいな」

ほんのちょっとしたことなのに、今までの和夫からは考えられないことばが、早くも飛び出しました。

(変われるかもしれない！)

そのとき思いました。次の日から、先生に言われたとおり、子どものすることには、あまり口出しせず、望んだことはできるだけやってあげました。とにかく、よく褒め、正直言って最初の二週間は、とても疲れました。心のなかで、(何で、わたしがこんなこと、しなきゃあいけないの……。)と思いながら、それでも少しずつそんな生活になれ、和夫からも、次々に優しいことばが出てきます。

「お母さん、寒そうだから、スリッパ持ってきてあげたよ」

「お母さん大変だから、自分で着替えるよ」

などと。

「和夫は優しいね」

と言うと、嬉しそうに笑うのです。――後略――

6　対談　●毎朝、目の前で子どもを認め褒める先生　小高　正子

ある幼稚園の母親学習会でお聞きした、小高さんとの対談です。

母　「私は、子ども時代に母親から、ガミガミと毎日のように、怒鳴られっぱなしで、可愛がってもらった記憶がないのです。今日の先程の先生のお話のように、私は、赤ちゃんのときは泣かず静かな、手のかからない赤ちゃんだったそうです。そのためですか、その後は、ずっと甘えたりなつかない子だったと、母からは、ずっと言われてきました」

大熊「そうでしたか。それで、小高さんは、親になってから、どんな子育てをされてきたのですか」

母　「一日中、親譲りの育児の成果?で、子どもを毎日のように、怒鳴り散らすことが多い育児でした。子どもを認めたり、褒めてあげたりすることはないですね。私には、子どもをどのように褒めたらよいのか、褒めことばの貯えがゼロだったのです。とくに、通園するまでは、注意、禁止、催促などのことばの連発でした」

大熊「そうでしたか。すると今日、私がこれまで皆さんにお話をしてきたことは、小高さんにピッタリあっていますね。ところで、幼稚園に通い始めて、何か変わったことでも?」

毎朝、お母さんの前で褒める先生

母

「それが大変に変わったのです。毎朝、園に子どもを送ってまいりますと、担任の先生が、必ず子どものことを認めてくださり褒めていただけます。

『おはよう、いいお顔ね、かわいいわよ』

『おはよう、元気ね。ご機嫌ね』

『おはよう、元気で言えたわね』

『あら、洋服きれいね』

などと、先生からのことばかけが、私の見ている前で、必ず、一人ずつ子どもにあります。毎朝、一ヶ月も二ヶ月も先生の褒めことばを聞いていますと、子どもだけでなく、親の気持ちまで明るくなったり、元気が出てきたりします。そして、先生からの勧めもあって、子どもを褒めることを真似するようになりました。初めは褒めることは簡単と思っていましたが、思いとは違って、一言を言うのに私の場合、ものすごい抵抗があったのです。しかし、だんだん先生の影響を受けて、親の私も家で褒めることが増えてきています。時には、

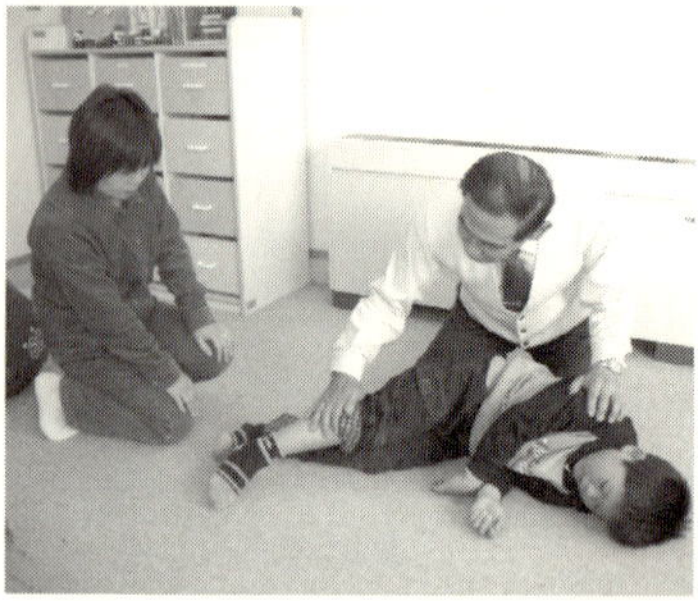

痛かったねー、先生に撫でてもらって安心しています

雷を落としますが」

大熊「いいお話です。すごい担任の先生ですね。ありがとうございました」

7　体験手記　●子の頭を撫でている先生の姿　小原由紀子

わが子の勝が何かにつまずいて転び、頭を打ったらしく泣き出してしまいました。いつまでも泣きやまないので、

「いつまでも泣いていないで、泣きやみなさい。男の子でしょう。勝はもう痛くないよね。強いんだから痛くない」

と叱ったところ、ことばの教室の先生は、勝を抱き上げて、

「ああ、イタイイタイ。かわいそう。勝君イタイネェ……。ああ、かわいそう」と言いながら、勝の頭を一生懸命に撫でていました。見ていた私は、思わずハッとしてしまいました。転んで泣いているのに、ただもう、

「大きいんだから、男の子だから……。いつまで泣いていちゃあ、だめ！」

としか言えなかったし、あまりにも勝の気持ちを思いやることができずに、叱ってばかりいたのでした。反省させられることの多かった私でした。

―中略―

すぐに台所についてきて、私の服の裾を握って離さないのです。私もこれまでは、

「危ないから、あっちに行ってなさい！」

と叱ったものですが、先生にお話を伺ってからは叱るのをやめ、勝の気持ちに沿って相手をし、「あとでね」

と言って、叱らないようにしました。（指導　小松隆夫）

8　体験手記　◎褒めて遊ぶ育児ができました　岡村　美幸

―前文省略―

大熊先生は、

「正昭君（小1）には、特別に問題はありません。ただ、これまでの子育てで十分に可愛がり甘えさせ

ていないためか、子供に安心感の貯えが少ないのでは……？　これからは、命令や禁止、催促の言葉を極力減らして、褒め言葉をたくさんかけてあげてください」

とおっしゃいました。子供を褒めるのがにがてなこの当時の私は、人に迷惑をかけないようにすることに精一杯で注意、指示、督促の言葉かけが多く、あまり子供を褒めることをしていませんでした。

次のような親子の会話の様子が、この頃の言葉かけの状態を証明しています。

朝の起床の際の母と子の会話メモ

母「マー君。朝よ。起きなさい。早くしないと遅れるわよ」

（自分から目覚めることを期待し、十分間ぐらいおく。起きる気配がない）

母「正明、起きなさい！　遅れるわよ！　いつも言っているでしょう！　朝起きられないなら、夜はいつまでもテレビを見てないで、早く寝なさいって！」

子「…………」

（まだ布団でぐずぐずしているので）

母「学校の準備もしてないよね。早く起きて支度しなさい！」

子「ねむいんだよ！」

（私は時間の余裕がないのでイライラして）

母「眠いなら学校から帰って寝なさい。とにかく早く起きて支度をしないと遅れるから」

母「はい。洋服をサッと着替えて」

（子供はボーッと座っているのでイライラして）
母「ほら、早く！　着替えて！　顔を洗って、ご飯を食べて!!」
（やっと着替え始める。けれど動作がゆっくりなので）
母「早く！　早く！　時間が無くなっちゃうヨ！」
（焦りを感じて早口に）
母「学校の支度は、今日はママがしてあげるから、とにかくご飯を食べなさい！　これから前の日に準備するのヨ！」
（子どもには朝食をとらせ、私が学校の準備をする）（登校直前になって）
母「ハンカチ、ティッシュは、ポケットに入っている？　ハミガキはした？　名札は？　ボウシは？　じゃー、気をつけていってらっしゃい」

褒めることのできない私

私と子どもの言葉のやり取りをメモしてみると、なんと私ばかりが話しているではありませんか。この状況を子供が、どのように感じているか、という気持ちを少しも考えずに……。こんな具合ですから子供を褒めるということは、私にとって、とても難しく大変なことでした。

先生は、落ち着きのないわが子に、

「元気だね」「エネルギーがたくさんあるんだねー」

「二年生になると、こんなにサッカーが上手になるんだね」

などと、いとも簡単に褒め言葉にしていました。私にはできない！　世間体が気になる私には、こういう子供の見方ができなかったのです。子供と一対一の時は言えることでも、一歩外の他人の前に出ると、照れや非難が怖くて、言えなかったのです。また先生は、

「この子は甘える時期に、十分甘えさせてもらっていなかったのだから、これからでも甘えさせてください」

とおっしゃいました。このことでも、私の変な世間体を気にする悪い性格が邪魔をしていました。

母のおんぶで帰宅・喜ぶ子ども

先生はわが子に、

「今日はお母さんがおんぶして帰ってくれるって。よかったね。おんぶしてもらって、家まで帰るかい？」

とおっしゃいました。（注大熊：事前にお母さんに帰路はおんぶでお帰りを、と耳打ちしていた）すると、もじもじしながらうれしそうに、

「うん。家まで……」

と言ったのには驚きました。この部屋だけならともかく、外に出れば他人の目がある。あの子もきっと外に出たら大きな体でおんぶされるのには、抵抗があるだろう、と思っていたのです。ところが子供は、まったく気にせず、

「先生が言ったから……。家までおんぶ！」

と言い譲りません。先生からアドバイスされた、「甘えさせ」るのと「甘やかす」のは、まったく違

うという言葉に心を動かされた私は、この言葉を自分に言い聞かせることにし、十分間ぐらいの道のりを子供をおぶって帰宅しました。

ガミガミ母さんをやめた体験手記の本の紹介

二度目に先生にお会いした時、私との面談は、私と子供との普段の会話のメモを裏打ちするような、ひどい結果でした。主人の結果は、私と正反対で子供との接し方は、良いということが分かりました。

私も日頃から、主人のように子供と接していられたら、どんなに毎日が楽しくよいだろうと思ってきていました。けれども、そのように接し方を続けていたら、子供たちはどうなってしまうだろう、世間から見放されてしまうのではないか、という不安が元になって、私の子供の接し方になっていたのです。私はますます育児に自信がなくなり、「子供を産むのではなかった。違う人が親だったら、正明は幸せだったろうに……。主人が救いの神なのね」などと思い、一人でよく泣きました。先生は、そういう私の息詰まった様子を察し、

「お母さんと似たようなお母さん方が、子供への接し方を変えてよくなっていった例がたくさんあります。この本を読んでみますか」

と一冊の本を紹介してくださいました。

子どもの立場に・外で遊ぶ

読んでみると、どの事例も私と同じような接し方をしていることが分かりました。そして子供の接し方ひとつひとつに、世間体を気にしている自分を感じました。世間体が気になる私は、人に忠告でもされた時には、人の反感を恐れて言い返すこともできず、落ち込み、何かにアドバイスを求め、自

分での解決ができない自信のない人間になっていました。また、自分中心の考え方を捨てられない、自己中心的な人間だということが分かりました。先生から、

「それはお母さんの立場の考えですよね。お子さんはどう感じているのでしょうね」

とよく言われます。『子供の立場になって話をする』、こんな簡単なことが、私にはできていなかったのです。人と比べて劣っていれば焦りを感じ、一握りしかない優った点をねたまれたことがあったために、わが子を守るつもりで褒めることが、殆どなかったのです。人様の子供には褒め言葉がかけられ、自分の手を止めて優しく接することができるのに…。実家の私の母にも、

「あなたは人に気を使ってばかりで、自分の子供には気がまわらないのね」

と言われていました。なんと愚かだったでしょう。自分の子供を守ってあげられるのは、ほかの誰でもない私なのです。この思いが、私を少しずつ変えてくれたように思います。

子供の立場に立って話をすることは、かなりできるようになった気がします。ただし、時間にゆとりがある時のみです。期限、時間に迫られるとやはり焦りを感じ、親の立場の言葉を連発してしまいます。

夏休みの間は、宿題がそれほどなかったことが幸いして、子供とよく遊びました。近所の人にも、

「暑いのによく遊んでいたね」

と、九月になって言われたほどでした。正昭は自分の発音の違いが自分の耳で聞き分けられるようになり、わざと発音を間違えて発音して、主人や私をからかうほど余裕が出てから、自分から、「もう、言葉の先生のところへ行かなくてもいいよね」と言い、夏休み中のみで発音の指導は終了しました。

あまりの速さに、担任の先生は驚かれました。それで自信をもったのか、外で思いっきり遊んだのがよかったのか、子供の表情もよくなり、学校のお友達を家に呼んで遊ぶなど、積極的な面が見られるようになってきました。

子どもの変化を楽しむ母親に

私自身も子供の接し方を考え、手をかけることにしました。見学や迎えに行かなかったスイミングを、私が送り迎えと見学をするようにしたのです。すると休みがちだったスイミングを、休まなくなったのです。また、プールに入るまで、私にまとわり付いて、私の膝の上に乗ろうとしたり、何かと話しかけて甘えてきたりなついてきたり、とにかく以前とは違ってきたのです。

私は、母親の子供の接し方ひとつで変わる子供の変化を楽しめるようになりました。人の育児にも関心をもったり、何人かのお母さんの子供の接し方を見たり、育児について話したりしました。大きい子供でも、抱っこ甘えの要求に応えてあげるという、その方の子供の接し方を聞きました。その方への見方が変わりました。

長い文を書きまとめることで、自分の言動を客観的に見直すことができました。また以前とは違う自分を発見することもできました。

ありがとうございました。

—ここで体験手記終わり

9　子どもの救助サインに応じながら安心感を貯えます

もし、赤ちゃん時代から学童期の現在まで、安心感の貯えがないままに成長をしてきた子どもの場合には、子どもから、「もっと可愛がって！」「たくさん、褒めて！」といった、お母さんへの訴え、心からの救助サインが発信されているはずです。こんな心からの救助サインを、子どもは形を変えて、次のような行動やことばで表しています。これらの行動やことばは、お母さんから見ますと、子どもの問題点であることが多いはずです。次に子どもの救助サインの主なものを列挙しましょう。

①甘えず、なつかず、まつわり付かず、後追いもしない。
②イライラして落ち着きがない。家族に当り散らし、反抗的な態度をとる。
③パニックを起す。気に入らないと、すぐに大泣きする。
④物にこだわり、人と視線があわず、一人遊びが多い。
⑤迷子になりやすい。
⑥ことばの発達や発音の発達が遅れている。
⑦奇声を発したり、音におびえたり、変な癖がある。
⑧お母さんの目を盗んで弟妹をいじめたり、おもちゃなどを隠したりして意地悪をする。
⑨赤ちゃんが眠ったり、きょうだいが留守だったりした場合、お母さんに強く甘える。
⑩爪噛み、物をかじる、指しゃぶりが目立っている。
⑪おねしょやトイレに行く回数が多い。深夜のトイレ起こし、夜中に驚いて飛び起きたり、急に泣き

だしたり、起きて部屋のなかを歩き回ったりする。
⑫就寝後一〜二時間して、冬季でも顔面や首筋などに汗をかく。
⑬顔面を引きつらせる。まばたきが多すぎる。チック症や円形脱毛症が生じる。
⑭登園登校を渋る。不登校。
⑮きょうだい仲が悪く、友達との遊びを嫌がる。
⑯お母さんに、「僕と○○ちゃんと、どっちが可愛い？」といった質問をしきりにする。

このように子どもから何らかの救助サインが出ていたら、「安心感の貯え」の不足ですから、急いで安心感を補充するために、お母さんは育児の改善、育て直しの育児をめざしていきましょう。また、園や学校・施設で救助サインに気づいた指導者は改善の支援に取り組みます。ちなみに、この本で紹介しているお母さん方の体験手記の多くは、子どもからの救助サインが発信されていた事例ばかりです。

二　心とことばの芽を育てます

引き続いて、ことばの土壌づくり・安心感を貯えながら、心とことばの芽を育てます。心のふれあいを強め安心感を貯えることはこれまでどおりで、これからもずっと維持しながら、小さな芽を大きく育てていきます。

1　子どもが伝えようとするサインには真心込めた対応をします

子どもの心とことばの芽である発声、泣き声などは、子どもからの伝えたい意味を含んだ気持ちのサインですから、聞く側のお母さんをはじめ家族、支援の関係者は、真心込めた対応をします。意味不明で、聞き分けることや判断が難しいサインですけれども、真心込めた対応をしていきます。

たとえば、伸ちゃん（三歳）はほとんどがことばの芽（単なる発声・泣き声）で、ときどき片言をそれらしい発音で話す状態です。聡ちゃん（五歳）は伸ちゃんよりも少し成長しているレベルです。伸ちゃんと聡ちゃんの会話の場面での母子のことばのやりとりをみてみます。

母子が散歩している場面〈伸ちゃん〉

前方から車が走っているのを見た子どもが、車を指して母に声をかける。

伸「ウー　ウー」

母「あ、ブー、ブーね。ブーブーだね。伸ちゃん、分かったね。すごいね、伸ちゃんは」

（車が見えたことを教えて声をかけてきたことを、認め褒める発言）

伸「フウ、フウ」（私のことばを真似て、車を指して喜ぶ表情）

母「そう、ブーブーよ。ブーね」（子どもの反応にすぐお返しのことばかけを）

伸「フウー、フウー、フウー」（三回、声を出して喜ぶ）

母「そう、ブーブーね。ブーブー言えたね」

いっしょに母子が絵本を見ている場面〈聡ちゃん〉

母「あ、大きいワンワンよ。大きなワンワンだね」（犬の絵を指して子どもに教える）

聡「オウイアウン……オウイ……ウアン」（発音不明瞭だが進んで発語する）

母「そう、大きいワンワンだよ。かわいいワンワンネ」

聡「ウオイーアウン、ウン」（犬の絵を指して喜ぶ）

母「そうよ、大きいワンワンだね。かわいいワンワンね」

このお母さんのことばかけや対応から、子どもの話を理解するのに、その場の状況、話の流れや意味不明な発声を頼りにして、子どもの心の動きや気持ちを汲みとりながら心から尊重している対応が読みとれます。

2　心とことばの芽を育てる遊びを楽しみます

子どもの心とことばの芽を大きく育てるには、子どもが人とコミュニケーションしようとする気持ちを育てることが必要です。次のような遊びで、親や支援者は子どもと楽しむのがよいでしょう。ここでは二つだけ遊びの例を紹介しましょう。

(1)　ゼスチャー遊び

■ねらい

①人といっしょに遊ぶ楽しさを体験し、心の触れあいを強めます。
②人の動作やことばを模倣し、すすんで声やことばをだそうとする気持ちを育てます。
③人の声やことばをよく聞く態度を育てます。
④ことばの理解力を育てます。

■準備

絵カードは、ヒコウキ、デンシャ、タイコ、はと、ぞう、さかな、いぬ、自転車、自動車などを用意します。

■遊び方

「いろいろな物の『物まね』をしますよ。よく見ていて何のまねをしたのか、その物の絵カードをさがしてください。早くさがしてくださいよ。では、はじめます」

こんな説明の後で、飛行機の飛ぶまね、太鼓をたたくまね、犬の鳴くまね……などを子どもに見せて、ともに楽しみながら絵カードを子どもにさがさせます。

逆に、子どもにゼスチャーをさせて、親や支援者が絵カードをさがすのもおもしろいでしょう。ゼスチャーの代わりに、鳴きまねや音のまねをして、ともども遊ぶ方法もおもしろいでしょう。

子どもが自然に吸い込まれるようにゼスチャー、物まね、声や音のまねを自分からやって、雰囲気づくりをしていきます。道具である絵カードにとらわれて、室内での遊びをすすめるのではなく、絵カードなしで屋外でも遊べるように子どもたちを喜ばせましょう。

(2) おもちゃ、絵カードの遊び

■ねらい

①聞いたことを覚える力を育てます。
②進んで話そうとする気持ちを強めます。
③理解して表現できることばを拡大します。
④注意深く人の話を聞く態度を育てます。

■準備

自分のおもちゃや絵本、文房具などの持ち物と、動物、野菜、乗り物などの絵カードを用意します。

■遊び方

①指示のことばどおりのおもちゃや絵カードなどを持ってこさせる。子どもの成長のレベルに合わせて、指示の仕方を変えて遊びます。

「今から、言ったものを持ってきてください。言いますよ。おもちゃのイヌとネコの絵カードです」

「八百屋さんで売っているものを持ってきてください」

「お母さんが毎日使うものは、どれでしょう。絵カードを集めてください」

「先生の使うものは、どれか絵カードを集めてください」

②声や音のまねを聞いてそのものか絵カードを持ってくる。

「まねの音を聞いて、そのものを持ってきてください。モーモーモー。メエ、メエ、メエ。さあなんでしょう」

指示どおりに子どもが持ってきたり集めたら、大げさになるくらい、認めて褒めてあげます。

3 「甘えさせ」と「甘やかし」の育児は違います

これまで子どもに、貯え損なった安心感を、十分に「甘えさせ」「可愛がる」育児で、子どもの心のタンクに安心感を補充します。子どもはこれまでと違って、スキンシップの多い遊びで大いに可愛がられ、甘えさせてもらうと、急にお母さんにまつわりつき、甘えだし、一時的な現象ですが「赤ちゃん返りの現象」が現れます。急に赤ちゃんに返ったような振る舞いが多くなりますが、次第に、子どもの心のタンクにたくさんの「安心感」が貯えられます。すると子どもは、人の言うことの聞き分けの力がだんだん付いていきて、自立心、独立心、自信、積極性、ことばなどが育ち始めます。その成長ぶりや、変化の大きさには周囲の人が驚くほどです。

ですから、子どもを可愛がり「甘えさせる育児」で安心感を貯え、子どもの心とことばを育てる育児は、ただ溺愛するだけの「甘やかす育児」とはまったく違います。

この違いを理解してくださったお母さん方は、この子は甘え直しが必要な子どもだと考えて、周囲の人の目を気にせずに、ひたすら甘えさせる、可愛がる育児を続けます。遊園地などで、大きな子どもをおんぶした姿を見たご近所の人から、

「子どもを甘やかすと増長して、大きくなって不良の子になるわよ」

と言われたら、

「この子は、『甘え直しの育児』が必要な子なんです。『甘やかしの育児』ではなくて、うちは、『甘えさせの育児』ですから、猫可愛がりの溺愛とは違いますから」

と話すようにされています。この育児の仕方に自信をもって、子どもを大いに可愛がって育てていきましょう。

三　ことばを増やし、進んで話す気持ちを育てます

1　聞いて分かることばを増やします

たとえば、子どもはリンゴをどのように理解してゆくのでしょうか。お店や家のなかで見たり、実物をさわったり、食べたり、絵本やテレビで見たり聞いたりして、繰り返される経験をとおしてリンゴへの関心を強めます。こんな体験を積み重ねているうちに、ますますリンゴへの関心が高まり、リンゴへの認識を深めて、はじめてリンゴそのものを理解します。このようにして、リンゴへの理解が深まってきますと、人から、「リンゴはどれ？」と聞かれると、リンゴの実物とかリンゴの絵を指すことができます。こうして、「リンゴ」のことばが、理解でき、聞いて分かる「ことばの貯え」になります。

このように子どもは、物を見たり、その物のことばを聞いたり、触ったり、食べたり飲んだり、一方では切ったり、叩いたり、使ったりして、あるいは泳ぐ、登る、乗る、跳んだりする体験が下地になって、そのこと、その物、そのことばへの関心が強まり、認識し始めます。そのあとで、「ことば」とその物や行動とが結び付いて、はじめてその「ことば」を理解したことになります。

こうして「理解できたことば」は、時間をかけて、たくさん貯えられていきます。やがて、その「理解できることば」を、「話せることば」（表現できることば）へと発展させていきます。

以上のことから分かるとおり、子どもには次項で述べるような直接的間接的な体験をたくさんさせることが心とことばの発達には大切なことになります。体験の幅を広げてあげるのと同時に、聞いて分かることばの貯えを増やしていきましょう。

お母さんといっしょに、絵カード集めを楽しんでいます

海、山、川、田んぼなどの体験は、目に見えない心とことばを育てます

2　直接体験、間接体験を多くし、話したい気持ちを強めます

家族旅行や遠足などで、大きな牛の乳搾りの初体験、ぶどう狩り、みかん狩り、芋ほり、リンゴ狩り、潮干狩りなどの初体験に、子どもは大喜びします。また、海、山、動物園、牧場、野原、公園、デパート、川、田舎、森、いろいろのお店、遊園地などへ出かけて、見る、聞く、さわる、食べる、飲む、泳ぐ、乗る、しぼる、手伝う、遊ぶなどの直接体験を続けて、聞いて分かることばの貯えの下地を広げてあげます。同時に、このような体験をしたことから、おもしろかったことや驚いたことなどを、たくさんの人に伝えようとする気持ちを育てるようにします。

たとえば、海に行ったときの写真やビデオ、録音などを、帰宅してからみんなで見たり話したりして、海での体験を思い出して、ひとときを過ごすようにします。動物園で見てきた大きな「象さん」と、帰宅して絵本やビデオなどで見る「象さん」を、お母さんのことばかけで結びつけてゆきます。このような親子の楽しいひとときは、子どもの興味、探究心を強めます。映画、テレビ、ビデオ、紙芝居、絵本などは、できるだけ子どもの興味を考えて、たくさん見せるようにします。子ども一人で楽しむことよりも、お母さんや家族といっしょに見て、見ながら歌を歌ったり、踊ったり、ゼスチャーを取り入れたりしながら、楽しむようにしたいものです。こんな楽しいひとときは、ことばの貯えをたくさん増やします。

3　ことばは一言ずつ繰り返し教えても身に付きません

お母さん方のなかには、子どもの前に絵本やカードなどを置いて、「これはリンゴ」「これはバナナ」「トマト」「ダイコン」……と、一言ずつことばを繰り返し子どもに聞かせてから、「これはなーに？」と繰り返し教えたことを確かめようと必死になる人がいます。入浴のときも、寝床に入っても、繰り返し教え込もうとしたりします。

しかし、ことばは、そのものに関心を深め、認識ができてはじめて、そのことばへの理解が深まります。すなわち、その経過があって、本当にそのことばが理解されたことになります。ですから、お母さんの陥っている「覚えさせて直ぐに話させる」ということは、大変無体なことと言えます。

初めて絵本で見せられた、メロン、ブドウ、ダイコンなどのことばを、繰り返し毎日、一言ずつ教えて覚えさせ、話させるということは、子どもにとっては大事業です。頭のなかは、混乱してしまって困っている子どもが大部分でしょう。

私のこれまでの経験では、このような繰り返しことばを一言ずつ熱心に教えるお母さんは、気になる母子関係のタイプに含まれ、心とことばを育てる土壌が貧しく、ことばの芽を摘み取るような話し手聞き手のお母さんであることが多いのです。一言ずつ繰り返し毎日教えても効果がなく、逆効果であることに早く気付いて欲しいのです。

四　発音を育てます

1　六歳頃までにハッキリした発音になります

三、四歳代の子どもが、五、六歳の成長の基準であるサ行音、ザ行音が正確に発音できずに、サルをチャル、サカナをタカナと発音します。それは幼児音で発音している子どもです。この子どもの発音は、表4―1の発音の成長の基準にあいます。ですから、この場合は発音に問題のある子どもとは考えません。しかし、五歳過ぎの子どもが、カラスをタラチュ、コトリをトトリなどと発音していたら問題です。カ行の発音は三～四歳で獲得できていなければいけませんから、この基準からずれていて、発音に問題のある子どもと考えます。

また、六歳の子どもが、「オカーサン　ヒトツ」を「オタータン　ヒトチュ」「センセイ　サヨウナラ」を「テンテイ　タヨウナラ」「シェンシェイ　シャヨウナダ」などと発音していたら、五～六歳児の基準からずれていることになります。この場合は、発音の成長に問題のある子どもと考えなければなりません。しかし、発音の成長には個人差が大きいので、あまりこの基準にとらわれることはよくありません。

表4–1　発音（構音）の成長の基準

年　齢	発音（構音）の成長の基準
1～2歳	パピプペポ　バビブベボ　マミムメモ　ナニヌネノ　タテトダデドなどの音を正確に発音できる
3～4歳	カクケコ　ガグゲゴ　キキャキュキョ　ギギャギュギョ　シシャシュショ　チチャチュチョ　ハフヘホ　ヒヒャヒュヒョ　ジジャジュジョなどの音を正確に発音できる
5～6歳	サスセソ、ザズゼゾ、ラリルレロ、ツの音を正確に発音できる

2　聞き分けの力を育てて発音の成長の基礎を築きます

子どもの発音を育てる方法として、五十音図、早口ことばなどを使って、発声練習、舌の体操などを思い浮かべる方は多いと思います。しかし、これらの方法は、子どもに嫌われます。子どもには、ことばの出口の「口」よりも、入り口の「耳」を重視した発音の育て方がたいへん効果的です。

子どもは自分の発音の正誤を聞き分けることができません。人の話す、正誤の発音を聞き分けることのできる、よい耳を育てる遊びを中心にして正確な発音を獲得してゆきます。

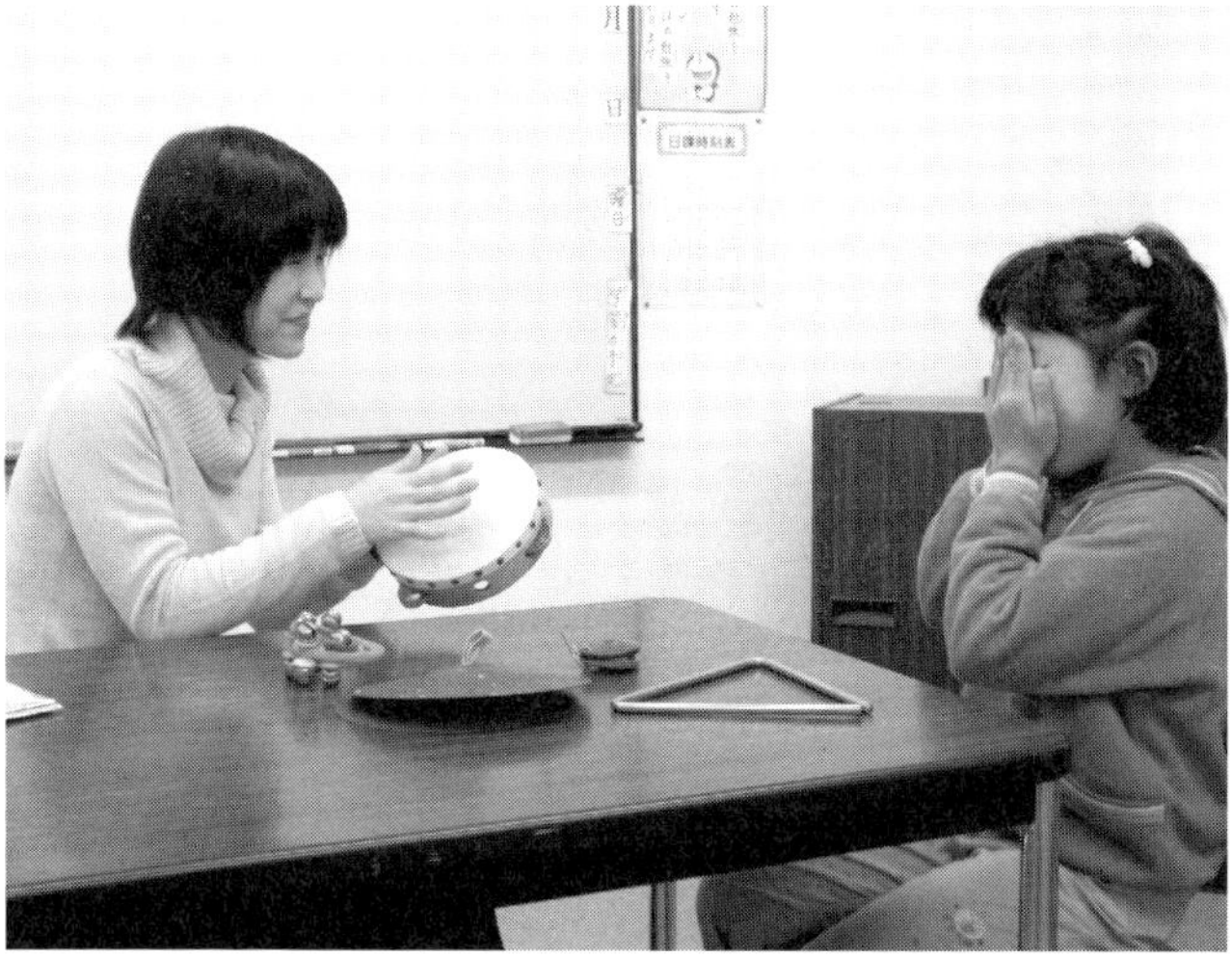

目を閉じていくつ音が聞こえたか、あてっこ遊びをしています

では、よい耳を育て、親、支援者と子どもとの心の触れあいを養い、自分から話す気持ちを強めるのに有効な遊びを紹介します。この遊びは、親や支援者のどなたでもすぐに遊べて、この遊びを続けても害になることはまったくありません。次に示す四つのステップの順を追って、日数をかけて、ゆっくりとステップを上げるようにします。遊びの種類ごとに、さまざまなねらいを果たすことができます。

拙編著『たのしいことばと発音の遊び116』(フィリア発行、星雲社発売)では、以下に示す四ステップをふまえたタテトの音、ダデドの音、カクケコとガ行音、ハ行音、シ音とシャ行音、ラ行音、ツ音、サスセソ音、ザズゼゾ音を育てる遊びを五十種類紹介しています。たいへん役立ちますので参考にしてください。

①第一のステップ――じっと聞く態度を養います

第一のステップのねらいは、人の話を注意深く聞く態度を養うことです。また、遊びの指示のことばどおりの遊びを続けて、親と子、支援者と子どもがいっそう仲良くなることです。このねらいを果たす遊びとしては、「だるまさん、だるまさん、お手々を△△に」の遊びや、「むすんでひらいて」の歌と遊びもよい遊びです。このほかにも、おもちゃの太鼓、ナベ、板、ヤカン、楽器などの音のあてっこ遊びも効果的です。毎日のように、時間をかけて遊びましょう。これらの遊びをしているときには、子どもの遊びへの反応に対して、大げさなくらい認めたり褒めたりすることばかけをします。

②第二のステップ――音の聞きだし遊びを楽しみます

音やことばへの関心を強めるねらいの遊びです。

《「いくつかな?」の遊び》

遊び方は、イヌ、ネコ、バナナ、リンゴ、クツなどの絵カード、または、それらの絵のでている絵本と、おはじきを二十個ほど用意します。遊び方の指示は、次のとおりです。

「犬の絵がありますね。いくつの音でできているか、音の数をあてる遊びです。いいですか、言いますよ。『イ・ヌ……』は、いくつの音でできていますか。『イ』と『ヌ』の二つですね。音の数だけ、犬の絵の上におはじきを置きましょう。次は……」

次のようなことばで遊びます。

カメ　ネコ　サル　ゾウ　トリ　ウマ　ウシ　カシ　イシ　クツ

カラス　アカイ　クルマ　トマト　テレビ　サクラ　メガネ

テヌグイ　ライオン　ホンダナ　ヒノマル　ミソシル　アサガオ

《「手をたたきましょう」の遊び》

こんどは、手をたたきましょうの遊びです。子どもと向きあって、子どもに次のように説明します。

「今から、いろいろな音を言います。『シ』の音が聞こえたら、手をたたく遊びです。よく聞いていて、『シ』の音の聞こえたときに、手をたたきます。いいですか、言いますよ。ア　フ　ニ　シ・キ　シ・……」

遊びに興味をもたせるのに、手をたたく替わりにおもちゃの太鼓、ヤカン、なべなどをたたいたり、笛やラッパを吹いたりすることもよいでしょう。

子どもの発音で、たとえば、子どもに「サ　シ　ス　セ　ソ」の音に心配がある場合、それらの音を遊びのなかでは、「めあての音」として取り上げて、めあての音を中心にした遊びを続けるようにします。この遊びでは、「シ」の音をめあての音として取り上げています。以下の遊びも、同じようにしていきます。

③第三のステップ――一つの音をたくさん聞かせます

めあての音を強く刺激して、その音の印象を子どもに強めるねらいの遊びです。これまでのステップの遊びで、めあての音に関心をもったので、その関心をさらに強めます。このねらいの遊びをいくつか紹介します。

《「ことばを集めましょう」の遊び》

「シ」の付くことばを集めましょう、の遊び方の種類です。

ことばのリストの案

シカ、シマ、シロ、シカク、シマウマ、シタ、シリ……語頭のことば

ムシ、アシ、イシ、クシ、ナシ、ウシ、カシ、コシ……語尾のことば
ムシバ、ハシラ、イノシシ、イシダン、アシタ…………語中のことば

たとえば、めあての音をたくさん含んでいる創作のお話を、読み聞かせてお話を楽しみます。読み聞かせと、遊びのねらいの両方を果たせます。

《「おやすみなさい」のお話》

清部　祥子　作

おやすみなさいのお話です(シの音)

「シーシーシー、シーシーシー、静かに、静かに聞きましょうね」

静かな、静かな夜です。

しんちゃんは、お父さんとお母さんに、

「おやすみなさい」

を言って、床につきました。

静かな、静かな夜です。電気を消すと、あまり静かで何だか気味が悪くて、眠れそうにもありません。

「しまうま君、一緒に寝てね」

仲よしのぬいぐるみのしまうま君と、並んで寝ました。

しっかり目を閉じました。でも、ちっとも眠れません。そこで、しまうま君のしましまの数を数えることにしました。

しまうまくんの　しましまは　一本かな。
しまうまくんの　しましまは　二本かな。
しまうまくんの　しましまは　三本かな
しまうまくんの　しましまは　四本かな。
しまうまくんの　しましまは　五本かな。
……………

まあだ眠れません。しましまをまた数えました。
しまうまくんの　しましまは　六本かな　……後略

④第四のステップ――聞き分けの力を育てます

似ていることばや音を聞いて、同じか違うか、また、どちらが正しくどちらが正しくないかを聞き分ける遊びです。

子どもには、こんな説明の仕方で遊びに入ります。

「今から、カラスの鳴きまねを、二回します。二回とも、同じに聞こえたら、手を上げます（または白い旗を上げます）。いいですか。『カーカー』『カーカー』」

《鳴き声のリスト》

「カーカー」「カーター」
「カーカー」「カーカー」
「カーテー」「カーテー」

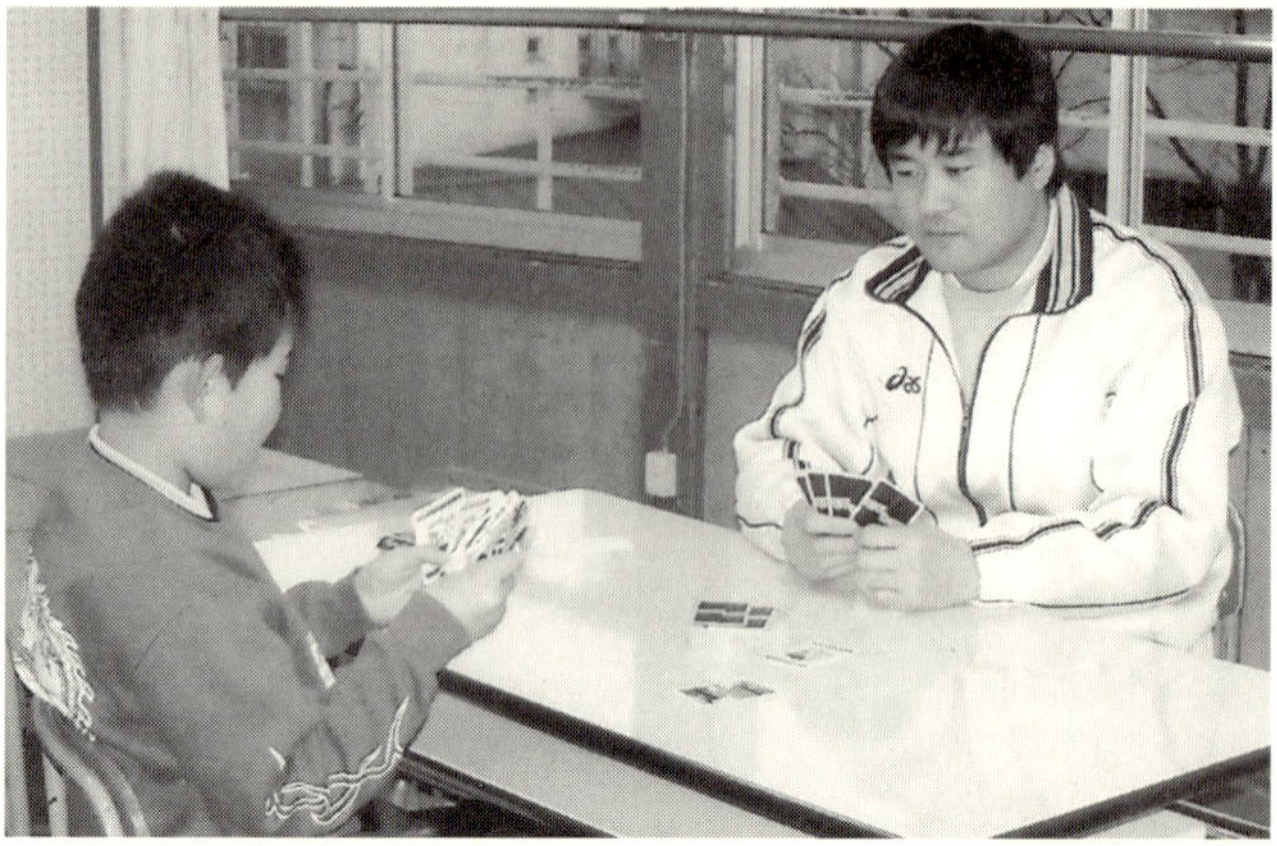

子どもは何度も褒められ話しかけられていると、何事にも自信とやる気が出てきます

「チュンチュン」「チュンチュン」
「チューチュー」「チューユー」　その他

《「白い旗、赤い旗」の遊び》

　子どものよく知っていることばを、正しい発音と、正しくない発音を聞かせて、どちらが正しい発音かを聞き分けさせる遊びです。子どもには、次のようにことばをかけます。

「今度は、上手に聞こえたら、白い旗、よく聞こえなかったときには、赤い旗を挙げましょう。はじめは、この名前（ズボンの絵カードを示しながら）です。言いますよ。いいですか。『ズボン（間をおいて）ジュボン』。今度は、この名前（絵カードを示して）、いいですか。『タマゴ、（間をおいて）タマド』。次は、（準じて）、『ヒコウキ、チトウキ』。……後略」

　と、遊びを続けます。子どもが聞き分けに成功したら、惜しむことなく認めたり褒めたりすることばかけをします。

3　ぜひ、やって欲しいこと、やめて欲しいこと

(1)　ぜひ、やって欲しいこと

よい耳を育てる遊びを、毎日のように、短時間でも、家庭、園、学校、施設などで続けて欲しいのです。その遊びのなかで、子どもが指示通りに間違えずに遊べたり成功したときには、認め褒めることばかけを多用してください。「やって当たり前」「できて当たり前」の小さなことでも、そのつど「ああ、できたね」「そうね、白い旗ね」「あれ、もうできたの」「がまんして、やれたんだ」などの認めることばとか、「あ、すごい」「やったね」「いい耳ね」「きちんとできてるね」などと褒めてあげてください。

こんな遊びとことばかけの連続で、親子や、子どもと教師・保育士との心の結びつきが強まり、子どもの安心感が貯えられ、心とことばの成長に役立ちます。

(2)　ぜひ、やめて欲しいこと

まず、子どもに対しては、次のような発音に対する注意のことばかけをやめます。有害なだけで、効果がまったくないからです。

「もう一度、ゆっくりと、言ってごらん」

「ハッキリ、大きい声で、サ、ス、と一つずつ、言ってみなさい」

「一字ずつ、ゆっくりと、口を大きく開けて、みんなが分かるように、言ってごらん」

ほとんどの子どもが、耳の聞こえなどに問題がないのに、自分の発音が正しいか、そうでないかを自分の耳で聞き分けることができないのが実情です。ですから、周囲の人からの発音への注意は、少しも役には立たないのです。役に立たないだけでなく、有害なのです。このような発音への注意のことばかけが続きますと、子どもは自信を失い、話すことに消極的になったり、欲求不満を起こしたりします。

お母さんや先生方からの発音への注意や助言めいたことばかけは、すぐにやめるようにいたしましょう。

五　会話メモのすすめ

1　会話メモのねらい

ふだんの何気ない母と子の会話の一部分を、お母さんが覚えておいてメモにします。この会話のメモをチェックして、お母さんが自己反省したり、支援者はこのメモから気づいたことをアドバイスして、お母さんが子どものよい話し手聞き手になることです。すなわち、よりよいコミュニケーションを促進してゆくことが、会話メモのねらいです。

2　会話メモのとり方

母と子のことばのやりとりの、三往復分程度のことばを覚えておいて、忘れないうちに早目に近くに置いたメモ用紙(またはノート)にメモすれば、会話メモはできあがりです。ノートを一冊用意して、そのノートにメモ用紙の会話メモをまとめて記しますと、後で何かと便利です。

無意識に話していることばをメモする訳ですから、不自然さへの抵抗がありましょう。しかし、一度か二度メモをとりますと、抵抗はすぐになくなります。一度でもメモしますと、効果が分かりますし、メモすることへの抵抗感は急速に少なくなり、どなたも自戒のメモという感じで、長い期間続けてゆけるようになるのが実情です。

実際にメモをとる場合、とくにどの場面がよいかということはありません。多くのお母さん方のメモの場面は、次の場面が多くあります。

○朝の起床を促す、着替え、洗面、食事の場面、○園・学校、外出先から帰宅した場面、○宿題の場面、○遊びの場面、○就寝の前後の場面、○読み聞かせの場面、○おやつの場面、○いろいろな外出先の場面、○家事の手伝いの場面、○夕食の場面など。

3　会話メモの実例

次のようにメモをしますと、読みやすく効果的なメモになります。

例1　○月○日(月)　朝の起床の場面

母「もう六時半よ。起きたら」
子「はーい、今起きる」(二階からの声)
子「お母さん、おはよう」(階段を降りながら)
母「おはよう。外はいい天気よ」

子「わあー、いい天気だ」

例2　○月○日（月）　宿題を手伝っている場面

母「早くやりなさい。さあ早く」
子「…………」（うつむいたまま、本を仕方なく開いて、計算を始める）
——間——
母「これは違っているわよ。もう一回やってみて」
子「…………」（のろのろと、やり直している）

メモ以外に、（　）書きでその場の状況をメモしておきますと、メモした状況の背景が分かって、メモ全体の理解に役立ちます。

4　会話メモの効果

会話メモには、実は、不自然であっても、意識して話したり、無意識に話している自分の会話を知ることに大きな意義と効果があります。会話のメモを体験されたお母さん方は、次のような感想や反省を述べています。

メモにはいろいろな効果があります

(1) 会話メモを体験した八人のお母さんの感想

母親A「自分の思っていた以上に、自分が口うるさいタイプに近い母親であることに、会話のやりとりをメモしたことで気付きました」

母親B「子どもの伸びる心の芽やことばの芽を、母親の私が摘んでいることに気付いて、驚きました」

母親C「自分で自分のことばをメモするので、自分のカッとする気持ちを抑えて、話すようになりました」

母親D「自分の感情に、自分でブレーキをかけられるようになりました。すべて会話メモのお陰です」

母親E「子どもの話していることに対して、母親が話していることを冷静に判断できるのが、会話メモの特徴だと思います」

母親F「自分のせっかちな性格を、どう直していくのか、自分との闘いみたいなことを、親子の会話をメモしていくうちに感じました」

母親G「私は、ずっとこの会話メモをこれから一年ぐらい取り続けます。会話メモは、私のお守りのようなものですから」
母親Ｈ「私の場合は、子どもとの会話だけでなく、夫との会話にまで、波及効果がありました」

(2) 勇君のお母さんの会話メモの体験　お母さんが口癖に気付くまで

勇君（小２）のお母さんは、勇君の話し方が少しなめらかでないこと（吃音）が心配で、相談にみえた方です。お母さんは勇君に対して、口数がとても多いということでした。それは、勇君がなめらかに話せないことへの心配が強いことと、勇君の自信のない、消極的で、男の子らしくない性格が心配で、口出しをしてしまうということでした。

親子への支援としては、まず、お母さんの強く心配する気持ちを吐き出してもらい、その気持ちを軽減してあげる面談を続けました。同時に、干渉的な口数の多いことを改善するために、自分の口癖を会話メモで気付いていただくために、会話メモをとることをすすめました。次のメモは、お母さんが初めて記した会話メモです。

五月十四日　朝、学校に出かける前の場面

母「はい、パンできたわよ」
子（何も言わずに、子どもはパンを食べる）
母「食べ終わったら、早く　着替えなさい」
母「でも今日は、半そで着るほど暑くはないわよ」

子「いらない。トイレに行ってくる」
母「トイレ出たら、顔を洗っちゃいなさい」
子「うん、分かった」

このメモを元に、支援者とお母さんと話し合いを進めているうちに、お母さんの口癖らしい部分を探しだして、お母さんに示しました。傍線のことばの部分は、「……たら」「……なさい」と言う一方的な指示のことば遣いでした。お母さんからの命令調のことばかけばかりという指摘で、お母さんは、これまで思ってきたこともない自分のことばかけを、目の前でチェックされたことに、まず驚いた様子でした。

次のメモでは、自分で自分の口癖を探しだしていただきました。傍線の数の多いのに、またまたびっくりなさいました。

五月十五日　夕食前の場面

母「マンガが始まっちゃうから、早くご飯にしよう」
子「うん、分かった」
母「テーブル片付けなさい」
子「ちょっと待って！　すぐ終わるから」
母「早くしないと、テレビゆっくり見せないわよ」

子「分かった」
母「テーブル拭いて」
母「拭いたら、ここにあるのを運んでね」
子「分かった」
母「ぜんぶ運んだら、ご飯を取りにきてね」
子（取りに来る）
母「じゃあ、マンガが始まらないうちに、食べなさい」

母親リードの会話メモ

このメモでは、お母さんと支援者が、メモを一言ずつチェックしました。お母さんがよく言う、「早く」「……なさい」「……から」「……ないうちに」「……たら」「……見せないわよ」などのことばは、子どもの気持ちを落ち着かないものにすることに気づかれました。このような命令、督促、脅しは望ましくありませんから、注意をしていきましょう。

そして、お母さんがいつも勇君の話す前にことばをかけてしまう、母親リードの会話の型になっていることに気付いていただきました。お母さんは無意識のことばかけのなかに、子どもへの望ましくないことばかけが、こんなにたくさんあることにたいへん驚いたようです。ふだんの親子の会話の改善に、さっそく努力されました。

なお、ふだんの家族の間の会話とか、親子の会話は、とりとめのない内容の会話が連続していることが一般的です。ということは、朝の起床時や朝食のときの会話メモ、宿題のときなどの会話メモだけで全体を考察することになりますので、会話メモの内容はあくまでも日常生活の一部分と考えて活用してゆきます。

(3) 子どもリードの会話メモを目指す

参考までに、できあがった会話メモが望ましいメモか、それとも望ましくないメモかを、二組の母と子の会話メモの例で考えてみましょう。

《子どもリード型の会話メモ―雄輔君の場合》

子「お母さん、僕、明君とお友達になれたよ」
母「あらそう。よかったじゃない」
子「今度の土曜日の午後から、二人で遊ぶ約束してきたよ」
母「そうだったの。土曜日が今から楽しみだわね」
子「そうなんだ。楽しみなんだ」
母「本当によかったね」

こんな母と子のふだんの会話のことばから、母と子の気持ちのふれあいが読み取れます。雄輔君の前向きさや、母と子のうれしい楽しい気持ちが分かり、ふだんの生活の様子までが推測できます。

こんな子どもがリードする会話が毎日続くようでしたら、雄輔君はますます積極性がでてきて、明るい性格の子どもに育っていくことでしょう。この会話メモは、子どもリード型の望ましい会話メモのタイプと考えられます。

《母親リード型の会話メモ―洋一君の場合》

母「何度お母さんに言われたら分かるの！　早くご飯を食べて、学校に行く支度しなさい」
子「分かってる。うるさいんだから……」
母「ぶつぶつ、言ってないで。ぐずぐずしないの！」
子「…………」（下を向いて黙ったままでした）
母「黙ってないで、何か言いなさい」
子「う……ん」
母「そらもう、時間がないよ」

洋一君とお母さんとの会話メモからは、洋一君がいつも受け身で、お母さんからいつも注意や禁止、督促ばかり言われてしまい、お母さんがリードする会話になっています。このような会話が朝だけでなく一日続いてしまいますと、洋一君は安心感の貯えられない、自信のない、消極的な性格ができあがってしまうでしょう。このような会話メモは、母親リード型の望ましくない会話メモのタイプだと言えます。

ここで考えたいのは、洋一君のお母さんは、たいへん熱心にいつも洋一君に注意、督促、禁止のことばかけを続けていて、口癖にまでなっていることを、お母さん自身は気付かれていないことがたいへん気になります。

5　録音法のすすめ

会話メモの代わりに、カセットテープレコーダーを利用して、録音し、チェックする方法です。録音のねらい、時間帯と場面などは、会話メモに準じます。

録音した内容をそのまま再生して聞くのもよいのですが、録音を文字に直した文章を、読んで確かめる方法をすすめます。録音する方法は、長い時間のメモですから、会話メモ以上に、効果が期待できます。

六　育児メモのすすめ

1　育児メモのねらい

ここでいう育児メモとは、お母さんが育児日記風に、家庭での子どもの遊びとか話すことなど、またお母さんの接し方や気持ちの持ち方などを、一冊のノートに自由にメモしたものを言います。書きたいときに書くメモです。会話メモは、育児メモの一部で、会話のメモだけを記述した育児メモだとも言えます。

お母さんが胸のなかに溜めやすい愚痴、不安、ストレス、罪意識などの感情を全部吐きだすように、育児メモのノートに書きますと、重い気持ちもスカッとします。育児メモに書くことが、心のなかのガス抜きになるからです。

お母さんの場合には、胸のなかに溜まった感情を、一番弱い子どもに向けてぶつけてしまいがちです。書きたいときに自由に書いて、気持ちをスカッとさせます。そのメモは育児の改善と、面談による支援を受ける際にも役立てられます。

これまでのお母さんとの面談による調査で聞けなかった子どもの詳しい情報や親子関係などが育児

メモで分かったり、すぐに母親支援に役立つことがあります。

育児メモを書いていく途中で、これまで意識していない子育てや子どもへのことばかけに、ハッと気付くことがあります。メモを書くことから自己反省のきっかけをつかめることがあります。また、考えてもみたことのなかったことを、突然に思い付いたりします。また、メモを書くことから、自分自身を冷静に見つめ直す機会ともなります。書くことの効用はいろいろです。

多くのお母さん、お父さん方の育児メモ、育児体験の手記などを集めて、教室、学校、園、施設、親の集いなどの文集の形で編集し、発行すると、ほかの人の育児体験をすぐに利用できたり、理解者が増えたりして、育児メモが意外な面で役立ちます。

2　育児メモのすすめ方と使い方

筆者の場合、育児メモをすすめる場合、先輩の育児メモや文集、冊子などを面談に来られたお母さんに見ていただいてから、こんなすすめ方をします。支援の立場の方に参考になるでしょう。

「家庭での、お子さんの様子や友達との遊びとか、そして親子のことばのやりとりなどを、ときどきメモして育児に役立てましょう。そのメモの中身を、次の面談で役立てたいのです」

さりげなく、「上手な文章とか文字のことは、全然考えずにメモしてください」と付け加えます。もちろんお母さんによっては、対応を次のように変えます。

「次回にお会いするまでの間、ふだんのお母さんの悩み、愚痴、不満、不安な気持ちなどを吐きだして、感情をぶつけるように書いてください。次の面談のときにそれを読み、お子さんのためにいろいろと役立てましょう」

面談は、お母さんの持参された育児メモ（あらかじめ支援者用にコピーしておくと好都合）を中心にして始めます。そして、メモを持参された最初のときには、

「さっそく、メモを書いていただき、ご協力ありがとうございました。お母さん、このメモをされて、どんな感想を……」

こんなことばかけで、面談をスタートしたらよいと思います。そして、はじめは、お母さんの気持ちをじっと聞くことからのスタートが、お母さんには話しやすいようです。

「たくさん、ご自分の気持ちをメモされていますが、ここ、それにここも、とくにお気持ちがよく表れていますね。すごいです」

と感情の表出の豊かなことばなどを大いに認め褒めたりすることを大切にします。

こんな育児メモによる面談の進め方をしますと、時間が足りないほど、中身の濃い面談になります。何よりも、お母さんの生の発言、激しい気持ちを発散させるメモだったり、子どもとの心の触れあいの分かる数々のメモですと、毎回の面談以上に、育児メモの効果は大きくなります。

第二部第十章の二つの体験手記は、お母さんの育児メモです。育児メモのすすめ方と使い方のよい見本となっています。

七　読み聞かせのすすめ

1　読み聞かせには計り知れない効果があります

子どもへの読み聞かせの効果としては、幅広い知識や情報を伝えたり、情操を育てたり、読書好きにしたりするなど計り知れないほどの効果があります。また、子どもの安心感を貯え親子の心の絆を強めたりする効果は、目ざましいものがあります。

筆者が出会った大学の教育学部などの学生で、子ども時代に読み聞かせてもらった体験を思い出せた一〇〇人に、その思い出を記してもらいました。それらの記録のなかから、読み聞かせが子どもの安心感を貯え、親子の心の触れあいを強めていることを証明する記録を、代表として四つだけ紹介します。

学生A　今思えば、読んでもらっているだけで、安心感というものがあったし、母の膝に乗ったり、母のそばにぴったりとくっついて、身を乗り出すようにしたことを覚えている。

学生B　自分だけの時間を作ってもらい、母は、「自分の味方なんだ」と思って、安らげたと思う。母親の愛情を感じた。

学生C　自分のために、母親が本を読んでくれるという、独占欲が満たされた。
学生D　絵本や昔話を聞かされ、当時は母親と接するだけで、何か落ち着いて、安心したような気がする。また、母親の声には、何か温かさを感じられ、よく母親の背中に耳をあてて響く声を聞いていた気がする。だから今になって、読み聞かせのひとときは、たくさんの愛情を受けていたと思う。こんなことから、母と私がよく話し合う仲になったと思う。

読み聞かせが純粋な子どもの心に、一生残るような強い影響を与えていることが分かります。

次は、たくさんのお母さん方の読み聞かせの体験手記のなかから、安心感を貯え、親子の心の絆を強固にすることが読み取れるものを一つ紹介しましょう。この手記は、ことばの成長の遅れている子どものお母さんの抜き書きです。

「読み聞かせを続けている時間は、子どもはご機嫌で心が落ち着いています。私自身も気ぜわしい毎日の連続のなかで、ホッと一息入れた感じになれるので、一段と子どもとのやり取りが楽しくなります。そして、子どもの話すメチャクチャことばの分量が大変多くなり、おしゃべりになってきました。

この頃は、寝言でメチャクチャことばが、飛び出す始末です。そして、時々『ウーカン、カン』『ゴホン、ゴホン』『タオー、タオ(痛いの発音)』などのことばが、その状況や場面になったとき、でてくるようになるまで育ってきました。

読み聞かせを続けてきたことで、ことばで話したいという気持ちの芽生えや、ことばの小さな芽が、ここまで養われてきたように思えます。このことは特に、一月の母親教室に出席して、ことばの土壌づくりや、ことばの芽の育て方についての先生の話しを聞いてみて、その感を深くしました。―後略―」

2　両親で読み聞かせを続けます

家庭教育の充実が叫ばれ、読み聞かせ運動の充実もあり、年々、読み聞かせが家庭や園や学校などに浸透してきているように思います。そこで、最近の家庭での本の読み聞かせの実情を知るために、左記のような調査を実施しました。

平成十四年の秋に、千葉県千葉市と市川市内の幼稚園児保育園児のご両親に、アンケート調査(回収率九十パーセント)をしました。調査にご協力をいただいた回答人数二三二人のなかで、子どもに読み聞かせを続けている二一六人の内容を次に紹介します。

表7-1からゼロ歳と二歳までの合計人数は一〇九人で、全体の半数を占めていることが分かります。赤ちゃんの二人に一人は、ゼロ歳から二歳で、読み聞かせを受けていることが分かります。赤ちゃん向けの魅力的な絵本の出現が、ゼロ歳から絵本で遊び、読み聞かせに結びついているように思われます。

表7-2は、読み聞かせの時間帯の調査結果です。子どもの心を静める読み聞かせを夜間や就寝前に実行しています。読み聞かせで睡眠への誘いができて、親子の安らかさを覚えるひとときと推測されます。

表7−1　何歳から読み聞かせていますか？

0歳から	5人
1歳から	69人
2歳から	35人
3歳から	33人
4歳から	11人
5歳から	17人
6歳から	0人
合　計	216人

表7−2　どんなとき読み聞かせていますか？

夜、就寝時	159人
昼	6人
その他	51人
合　計	216人

表7−3　読み聞かせの頻度はどれくらいですか？

週1〜2回	67人
週に3回	65人
毎日	67人
その他	24人
合　計	223人

表7−4　だれが読み聞かせていますか？

母	210人
父	108人
祖父	28人
祖母	28人
姉	13人
兄	7人
おば	4人
合　計	398人

表7－3からは、読み聞かせは週に三回と毎日を合わせると、全体の六十パーセントを占めていることが分かります。半数以上の子どもが、毎日か、一日おきに読み聞かせをしてもらっています。表7－4の数値では、父親の積極的な育児参加と、核家族化が進んでいる実情が読み取れます。

3　こんな読み聞かせ方を続けましょう

ゼロ歳からの読み聞かせは、読み聞かせをするお母さん、お父さんを始め、家族のみなさんが次の十一のポイントを大事にして進めて欲しいと思います。

(1)　子どもの好きな本を選びます

子どものための読み聞かせですから、主役の子どもが好きな本を選んで、その本を読み聞かせます。ゼロ歳児、一歳児などは、その年齢の子どもの発達のレベルに合わせて、親が選んであげることになります。

読み聞かせよりも絵本で遊び、その遊びのなかで時折り、絵の名前のことばをかけてあげたりして、絵本で遊ぶことを中心にします。年齢が進んでからの、大人の一方的な押しつけた本での読み聞かせは、子どもに嫌われて失敗します。

お母さんからよく、「子どもの選んだ本ではなくて、役立つ本を読み聞かせたいのですが？」といった質問をうけます。子どもがせっかく選んだ本ですから、子どもの気持ちを大いに尊重してあげて、その本を喜んで読み聞かせてあげましょう。お母さんが思われていることは、あくまでもお母さんの意思です。子どもの気持ちとお母さんが大きく隔たっていることを認めて、子どもの選んだ本で楽しく読み聞かせてあげます。

(2) 肌の接触の多い姿勢で読み聞かせて、いっそう安心感を貯えます

子どもを抱っこする、肩や背中に手をかける、いっしょに寝床や畳の上に腹ばいになる、寝ている子どもの枕元に座る、ソファにいっしょに掛けるなどの、スキンシップの多い姿勢で読み聞かせるようにします。子どもは、こんな姿勢になっただけで、親を独占したい気持ちを満足させ、安心感を大いに貯えます。そして、毎日か一日おきでも、継続した読み聞かせは、子どもの安心感の貯えを豊かにします。

(3) ゆったりとした気持ちで、ゆっくりと読んであげます

ゆったりとした気持ちで、ゆっくりと読み聞かせます。するといつの間にか、子どもはゆったりとした落ち着いた気持ちになります。読み手の気持ちが、ゆったり読み聞かせているうちに、聞き手の子どもに染みるように伝わってゆきます。

(4) 愉快な表情や声で読んであげます

緊張した表情で、義理で仕方なく読むと、すぐに子どもにその気持ちが伝わります。肩の力を抜い

て、気持ちをリラックスさせて、楽しい愉快な表情と声で、子どもに「この本を読もうね」と話しかけ、そして読み聞かせを進めます。読み手が、こんな気持ちで読み聞かせをスタートさせますと、子どもにとって楽しい読み聞かせのひとときになります。

(5) 童心に戻って読み聞かせます

大人になって忘れてしまった子どもの心の世界に戻って、神秘的創造的な子どもの童話の世界に十分に浸って、子どもの世界を共に楽しむようにして読み聞かせます。子どもの頃のことが甦るように、子どもといっしょに楽しめば、親子の心の癒しにも役立ちます。

(6) 内容にあった声の大きさ速度などで読み聞かせます

喜怒哀楽の感情を表現した文章の場合には、叫んだり驚いたり怒ったりする声の大きさや性質などを配慮して、ゼスチャーを混ぜて、変化をつけた読み聞かせ方をします。こんな読み聞かせ方が、少しずつできるようになりますと、子どもと共に読み手も読み聞かせを楽しむようになれます。

(7) 分かりやすく、解説を入れた読み聞かせ方をします

子どもにとって難しいことばは、理解しやすいことばに替えて読んであげます。また、昔のこと、田舎や都会のこと、外国のことなど、その文章の理解を助ける解説をときどき挿入してあげて、子どもの理解を深める気配りをしながら、読み聞かせをします。

(8) 年間行事、季節、紙芝居などを利用して読み聞かせます

正月、クリスマス、夏休み、お祭り、遠足、運動会などの行事や、春夏秋冬、その他の事柄を配慮した本の選び方、それらに関係づけた読み聞かせを進めます。行事に関係づけた読み聞かせは、読み聞かせへの動機づけだけでなしに、読み聞かせへの期待を高めて、それぞれに効果があります。ときには、図書館などから紙芝居などの貸し出しを利用して、語り聞かせのひとときを設けてあげますと、読み聞かせへの魅力を強めます。

(9) 本の興味の幅を広げて読み聞かせます

いつも童話の読み聞かせだけでは、本の興味の幅が広がりません。偉人伝のような伝記から、科学系、芸術系などと、子どもの興味の幅を広げてあげてください。視野が広くなるような本の選び方も大切です。

(10) きょうだいへの読み聞かせ、お話や黙読への発展も考えます

二歳ぐらいの年齢の差があっても、同じ本での読み聞かせは大丈夫です。同じ本で、きょうだいへのいっしょの読み聞かせは、子ども達にとっては自然で、読み聞かせに耳を傾けるでしょう。ときには、読むことではなくて、お話をしてあげると、子どもは目を輝かして話に聞き入ります。お話といっても、親や祖父母の子どもの頃の乗り物、おもちゃ、食べ物、遊び、幼稚園や学校、ラジオやテレビ、洋服、地震や火事のお話などを、読み聞かせの代わりに話してあげると、子どもはたいへん喜び

ます。こんな読み聞かせが基礎になり、子どもは一人で黙読で本を読むことを楽しむようになります。

(11) いつもプラス思考でいきましょう

子どもが絵や写真を指差すだけで、読み聞かせを聞かないことがあることでしょう。このようなときもプラス思考でいきましょう。まず、子どもが絵本の絵や写真に指差しばかりするのを、「いつも困った子だ」「せっかく、読んであげるのに…」と思わないようにします。逆にプラス思考で、「絵本の絵や写真に興味をもち始めてきて、よく、ここまで成長した」と思い、真心込めて対応します。このような子どもからの心とことばの芽に対して、

「あ、バスよ。バスね。大きいね」

「スイカだよ、スイカね、食べたいね」

などと指差しに答えたら、子どもの様子はどうでしょうか。また、

「うん、ワンワンよ。ワンワンだね」

などと、子どもに分かりやすいことばかけを続けたいものです。

4 体験手記 ●読み聞かせは忘れた何かがよみがえる時間　佐藤　佳子

では読み聞かせの体験手記を紹介しましょう。佐藤佳子さんの自己チェックに注目できるでしょう。（大熊記）

嫁ぎ先の母と実家の母からも、

「子ども達のことはいろいろあるから、皆一様ではなく、親は子どもの成長に焦るものだ。だけど、経験上、気持ちをもむ必要はないよ」

と言われ続けてきました。でも、どうしても心配で、心配で、仕方がなかったのです。そんな時私が、なぜ五歳になる娘に、本の読み聞かせをするようになったかといいますと、もともと娘はことばの発達が遅かったことから始まったことなのです。

四歳、五歳と成長するにつれて、ことばも伸びるのではと思っていましたが、全然目に見えての発達は感じられず、そんな時、娘は毎日のように幼稚園の友達やご近所の友達から、いじめられていることが娘の口から分かりました。毎日、十回ぐらい、いじめられて家に帰ってきては、私に慰められてまた外に遊びに行っては泣いて帰ってくる、という繰り返しでした。

私も子どももいっしょに外で遊んであげれば、こんなことにはならなかったでしょう。でも、引っ越したばかりで、荷物の整理に追われる毎日でした。こんなとき、教育センターに伺いことばの遅いこと、いじめられてばかりいることを相談したのです。そして、大熊先生から本の読み聞かせをすすめられたのがきっかけで始めたのです。主人からは子どもの寝つきの悪い時など、

「おい、本でも読んであげろ」

と言われたこともありましたが、そのときにはどうしても、読み聞かせてあげようとする気持ちにはなれませんでした。

テレビやビデオばかり見せていた育児

こうした読み聞かせが、三ヶ月ほど続いていますが、子どもの興味の湧く本をと思って、近くの図書館から本を借りてきていますが、借りてきた本の中身は、人と人とのからみが中心だったように思います。長女には、幼稚園で注文した本を買って、読んでいましたので、また、同じ本を次女にも読んであげよう、という気がしませんでした。私と長女には分かった本でも、次の子には初めての本ということは忘れていました。私は、長女に読んであげていたので、それぞれの本は内容を知り尽くしていましたので、実はそれらの本に興味がなかったのです。

今になって思うことは、二年間も毎日、長女には読み聞かせてあげたのに、下の子どもには、テレビやビデオばかり見せていて、読み聞かせをしてあげなかったことです。それに赤ちゃんの頃は、殆ど泣かず手のかからない、育児には大変楽な子でした。ですから、母親からの話しかけのことばが、大変少なかったことも、今、強く反省しています。

また悪いことには、みどりが生まれて二ヶ月で引っ越してから、四歳近くまで毎年引越しでした。私に、心の余裕などありませんでした。近頃になり、二歳四ヶ月上の姉（小3）にぴったりと合った本を読んであげていますと、下の子のみどりは、やはり途中で動き出してしまいます。みどりに合わせた本にしますと、長女もよく聞いています。笑いながら、楽しみながらという感じで、読み終わった後には自分から、「おもしろいね」と話してくれます。すると姉は、「ほんとにおもしろいね」と、喜んで会話しながら聞いています。

子ども達が喜んでくれることで、私も嬉しくなります。子ども達に聞かせているときには、私も本の世界に入っていますので、主人のことは気になりませんでした。

無くしてしまった心が返ってくる時間

読み聞かせを毎日続けているうちに、子どもが自然にことばや話し方のまねをしたり、感想のことばがどんどん出てくるようにもなり、おしゃべりになりました。何よりも、明るくなったのがよかったと思います。本にも興味をもってまして、自分の好きな本を、自分でも読むようにもなり、自分から読もうとする欲が、態度が生まれてきています。

読み聞かせをしてあげた母親にとっては、子ども以上に大きな効果があったように思います。読み聞かせを始めた頃は、本を読んであげているんだ、という気持ちでした。でも、読んでいるうちに、これは親自身が勉強しなければならない、という気持ちに変わってきました。

それは、幼児の本の内容は、心を育てる本ばかりのような気がします。読んでいるうちに、親子の心が動かされてしまうのです。それで、結末はものすごくホッとして、無心になってしまいます。まるで時間が止まってしまったように、心が和みます。そして、忘れてしまった何かが蘇る時間になります。もっともっと、子どもに優しくなれる、価値ある時間です。読み聞かせの時間は私にとっては、無くしてしまった心が返ってくる時間です。

5　体験手記　●亜弥への読み聞かせの歩み　金田　和恵

もう一つ読み聞かせの体験手記を紹介します。金田和恵さんの発達の遅いお子さんの土壌づくり、心とことばの芽を育てる、読み聞かせなどの根気づよさに目を見はらされます。（大熊記）

私が、読み聞かせを子ども達に始めたのは、上の二人の子どもから「読んで」「読んで」と持って来た本を、「一冊ずつね」と言って、亜弥が生まれるまで読んであげていた体験からです。妹の亜弥にも、読み聞かせはよいのではないかと思い、これまで続けてきました。

今、八歳になる亜弥への読み聞かせの歩みを、思い出してみました。

ゼロ歳〜一歳

ディック・ブルーナーの絵本(福音館書店)で、折り畳み式の「うさこちゃん」のシリーズ、「くだもの」「どうぶつ」「のりもの」や、「ノンタンあそぼうよ」シリーズ(偕成社)、「ひよちゃん」シリーズ(ベネッセ)の絵本を見せて、話していました。どれも動物が出てきて、

「うさぎさん、お風呂に入っているね」

「ひよこちゃん、お散歩だって」

などと、読むというより絵本をいっしょに見ながら、話しかけていました。

一歳六ヶ月

好きな遊びは、本棚からすべての本を出すことでした。読み聞かせてあげても、本を投げたり、本棚、おもちゃ箱をひっくり返したり、本の頁をどんどんめくるだけでした。本としてよりも、おもちゃみたいな存在なのが、本でした。

話せることばは、「アー」「ウー」という発声だけで、兄達を見てはよく笑っていました。

三歳

幼児教室に通う。教室に「メニューの絵本」(すずき出版)と「はらぺこあおむし」(エリックカール、

偕成社)の大きな本と、なかに出てくるあおむしのぬいぐるみがあり、この二冊が大好きでした。楽しそうに聞いているので、大好きなこの二冊の絵本を、家でも購入して「はらぺこあおむし」の、あおむしをフエルトで作り、いっしょに遊びました。亜弥は先生のように、あおむしで遊ぶこともありましたが、口に入れてしゃぶることも多かったです。

紙芝居は私の膝に座り聞いていました。本を読んであげていると、次々にページをめくります。

幼稚園通園

幼稚園では先生からの読み聞かせの本を、おとなしく聞くこともできて、読んで欲しい本を、先生のところに持って行くまでになりました。先生の手のすいているときは、亜弥のリクエストに応えて、何冊も読んでくれていました。本当に助かりました。

幼稚園でお帰りのときは、紙芝居をしてくれていました。亜弥は青い飛行機の郵便屋さんの話が気に入り、三ヶ月ぐらい、毎日同じ紙芝居を持って行っていました。お友達は、「また、これ」と言いながらもいっしょに聞いていてくれました。嬉しかったです。

秋頃から、一人で本を見たがるようになりました。亜弥は、音読でもしているように、ごにょごにょと声を出しながら見ていました。よく兄達にうるさいと言われていました。

養護学校(六歳~八歳)

本を見ていて、これは、これは、と確認するように指差しを始めました。幼稚園のカタログが好きでした。「りんごだね」「犬だね」と話していると、塗り絵を持ってきて、ここを塗ってと指示し始めて、よく色塗りもしていました。「自分でしてごらん」と言うと、グルグルと丸を描くだけでおしまいでした。

車に乗っているとき、おすし屋さんの看板などが見えると、指差して名前を私に言わせます。このごろ私が言わないと、腕をたたいてきます。名前を言うと、満足そうにしています。本屋さんに行くと、買い物籠に本を何冊も入れています。絵本のコーナーでは、家にある本と同じ本を引っ張り出して見ています。

養護学校（六歳〜八歳）

八歳になった現在は、読み聞かせもそれらしくなり、「ぐるぐるタウン　はなまるくん」（学習研究社）の紙芝居、「よい子の学習ＨＩはい」（学習研究社）、「にこにこぱくっ」（フレーベル館）などの、一ページの半分ぐらいは聞いていてくれます。指差しもたくさんします。家にある物が出ると、その物を持って来て、同じ、同じとサインを出します。

「にこにこぱくっ」の絵本は、イチゴやホットケーキなどが出ていて、男と女の子がニコニコしながらおいしいと食べる絵本です。すると亜弥は、同じものを机の上から持ってきて、食べる真似もしています。私が「あっ」などと声を出すと、声は出ないのですが亜弥は、口を同じ形にしているようです。お父さんや兄達の気を引きたいときは、テレビの前に立ちはだかり、「亜弥、見えない！」と言われることを楽しんでいるようです。

振り返って思うこと

毎晩読んであげなければ……などと思わないで、気楽に読み聞かせていたことが、これまで八年ほど続けてきた秘訣だったように思います。読み聞かせをするときは、ちょっと大げさに声を変えて読んでいました。ずっと指差しばかりが続いていて、ほんとうの読み聞かせになるのかな、と心配したこともありました。

三歳頃は、遊んでいるときでも、自分の思うことが人に通じないと、ひっくり返って泣いていた子が、今はそんなことはおさまって、ずいぶん落ち着いてきたと思います。

（亜弥さんとお母さんの名前は実名にしました。その理由は、お二人のお兄さんが成人したときに、「親の育児の実情を知ってもらうのには、実名が良いのでは」というお母さんの希望にそいたかったからです。（大熊記））

6　園と学校での読み聞かせをすすめましょう

家庭での読み聞かせと違って、大勢の同年齢の子ども達のいる教室での担任による読み聞かせには、次のような特徴があります。

①クラス担任による子ども達への読み聞かせ語り聞かせですから、子ども達同士に連帯感情や友情を育てやすい。

②年、月、週の行事や教科学習に関係の深い本、資料（友達や先輩の作文、絵、作品など）を選び、計画的な読み聞かせや語り聞かせができます。

③読み聞かせ語り聞かせをする場所の設定が効果的にまた計画的に演出できます。たとえば、暗幕や

照明器具の利用で暗い部屋のなかで読み聞かせする担任の姿を映しだすことができます。楽器、テープレコーダー、ビデオ、屏風、ろうそく、電気スタンドなどの利用で視覚的聴覚的なムードの演出ができます。紙芝居などの利用で魅力的な読み聞かせや語り聞かせができます。

④読み聞かせや語り聞かせの発展として、また読み聞かせの導入としても、クラス全員参加の劇、合唱、運動、見学、遠足、映画会などの企画が可能です。また、特別なゲストを招き、読み聞かせ、語り聞かせの機会を設けてあげられます。

友達と見る紙芝居は楽しいものです

みんなで、お気に入りの絵本の読み聞かせを楽しんでいます

八　おねしょや爪噛みなどの心配のある子を育てます

1　現状をみてみましょう

筆者は五十年ほど前から、子どもの心とことばの教育相談を続けてきています。その相談のなかで、二十年ほど前からおねしょ(夜尿)、爪噛み、チックなどの心に起因する問題と、ことばの遅れとを併せてもつ子ども達の増加傾向が気になっています。相談を受けた二五〇名(幼児が過半数と学童)ほどの子ども達の、約二十パーセント以上の子どもに、おねしょ、頻尿、チック、夜驚、爪噛み、指しゃぶり、円形脱毛症、眠って一、二時間後に顔面に季節を問わず発汗などの心配ごとのある子どもがいました。また、そのうちの四名の子ども達には、兄弟姉妹にも同じ心配ごとのあることが分かりました。

ここで日頃、親しみの薄い用語を、高野清純他編『情緒障害事典』(岩崎学術出版社発行)をかりて解説をしておきます。

夜　尿：自分で起きて排尿できる年齢(三歳以上)になっても、寝床のなかに尿を漏らす状態。

頻　尿：おしっこの回数が極端に多い状態。

チック：急にピクッとまばたきが多くなったり、顔をしかめたり、口をゆがめたり、首を曲げたり、頭を振ったりする癖。
夜驚：眠って一～二時間後に、恐い夢で目覚めたり、叫び声をあげて寝ぼけた状態。
発汗：就寝して一～二時間後に、顔面や頭部に、冬季でもタオルで拭いて上げるほどの、汗をかく状態。

ことばの障害といっしょに、夜尿、頻尿、チックなどの心配ごとが重なりますと、心とことばの心配ごとが悪循環を起こしてしまい、心配事をさらに大きくしがちです。

2　おねしょや爪噛みなどは安心感を求める救助サインです

おねしょや爪噛み、チックなどの心配ごとは、子どもの生い立ちや家庭の環境、日頃の親子の愛着関係に深い関係があります。たとえば、おねしょをする子どもは、お母さんに、もっと可愛がって欲しい、甘えさせて欲しい、安心させて欲しいなどと、心のなかで安心感の貯えを求め、お母さんの関心を自分に向けさせるための救助サインのひとつとして現われるのが、おねしょだとする考え方があります。さまざまなおねしょの原因があるなかで、この考え方には強い説得力があります。

支援者は、おねしょや爪噛みなどの心配ごとは、いつ頃から、どのように現れて、月日の経過でどのように様子が変わってきたかを、ていねいに調べてみます。また、お母さんをはじめ家族はその心配ごとについて、どのように考え、どのように接してきているかなどを調べて支援を進めるための理解を深めるようにします。

たとえば、次子の誕生でお母さんの愛情をこれまでのように独占できなくなり、次子の誕生後におねしょをしたり、ことばがつかえ始めたり、爪噛みを始めたりする子どもが少なくありません。ですから、兄や姉になる心の準備の整わないうちに次子の誕生を迎えたとか、また次の子の誕生後にお母さんの接し方が急変したとかなどについて、お母さんからの子育てについてのていねいな情報の聞き取りは大切です。お母さんから子どもへの愛情の伝え方が、どんな理由で不足して、お母さんへの愛情の欲求不満を起こしているかを考察しますと、お母さんへの支援の仕方がより確かになるでしょう。

3 解決の方法はあります

(1) 安心感の貯えが大切です

まず、お母さんはおねしょや爪噛みなどの心配は気にせずに、これまでの育児とは大きく違った、可愛がり甘えさせる育児を実行することです。ガミガミ育児をきっぱりとやめて、スキンシップを多くした遊びを子どもと楽しみたいものです。認めたり褒めたりすることばかけを多くして、「安心感の貯え」を多くしてあげます。

親がおねしょや爪噛みなどを「恥ずかしいこと」「困ったこと」「問題なこと」と考えていると、毎日目の前でおねしょや爪噛みなどをするわが子を無意識のうちに、「困った子、問題の子」としか思えなくなってしまいます。こんな気持ちで子どもに接していますと、子どもは敏感です。すぐにお母さんの目の動きや感情の動きから、その気持ちを感じとってしまいます。

こうした親子の間には、緊張、不安感など感情のもつれが生まれやすくなります。子どもは、さらに緊張しやすくなり、安定感、自信を失いやすくなります。おねしょや爪噛みなどの心配のある子ども達は、マイナス心理が加わり、ますますおねしょや爪噛みの渦巻きに呑み込まれてしまいます。ですから、親には気持ちの切替えが必要です。発育盛りの子どもがおねしょをして、「何が恥ずかしいの！」「何が悪いの！」と開きなおって、「おねしょしてもいいのよ」「爪を噛んでもいいのよ」と、恥ではない、悪い子どもではない、という気持ちに切り替えましょう。

このように気持ちの切り替えができますと、

「今度、また、おねしょ(爪噛み)したら、もうお母さん何も買って上げないから……」

と言ったことばかけは、しにくくなります。

かりに、こんなことばかけが続いていることに気づかれたら、すぐに中止します。とくにおねしょの後始末をしている場合には、「手のかかる子で……」「お母さんの身になってよ……」などの愚痴や注意のことばかけは、絶対避けましょう。

また、次のようなことばかけも慎みます。

「もう寝るんだから、ジュースはコップの半分にしておきなさいよ。また……ね。分かるでしょ。いい子だものね」

おねしょをしないように、優しくアドバイスしたり、励ましたりしていますが、こんな話しかけ方も、子どもは直ぐに気づいてしまい、返って不安や緊張感を強めることになり、逆効果です。直ぐにやめて欲しいことです。

また、「小学生になってもおねしょ、爪噛みするのは、困った子ね。恥ずかしく思いなさい」といった発言の代わりに、「おねしょは直るし、自信をもってよい」と、前向きに考えるように、元気づけることが効果的です。

気のもちようは不思議なものです。おねしょをしたり、爪を噛む子どもに対する、接し方やことばのかけ方が、無意識のうちに変わってきます。

(2) ある女子学生の手記 ●おねしょの思い出

五年生までおねしょをしていて、親をほとほと呆れさせていました。でも、おねしょをして大好きなお母さんに迷惑をかけ、きょうだいにからかわれて、子ども心に自分が悲しく、寝る前に強くプレッシャーを感じていたのを思い出します。私の場合、五年生のある日、母がおねしょシートを買ってきて、

「もう、おねしょしても大丈夫だから、安心して寝なさい」

と布団を敷いてくれたのです。その時の嬉しさや安堵感を今でも覚えています。そして、ここまでしてくれたお母さんを困らせたくない、しっかりしなきゃとも思いました。

その日から、おねしょはパッタリ止まり、おねしょシートを一度も使わずに、お払い箱になりました。母は、

「せっかく買ったけど、使わないようになって本当によかった」

と、私といっしょに大喜びしてくれたのです。きっと母の一言が、私の緊張感を解きほぐし、自律神経を正常に働かせてくれたのではないかと思います。

この女子大生の手記から、どのようなことが読みとれるでしょうか。子どもに安心感を与え、その自然な力を引き出すことの重要性を感じるのではないでしょうか。

4 トイレ起こし、寝汗、爪噛みを解決した事例

一郎君というひとつの事例からトイレ起こし、寝汗、爪かみの解決を考えてみましょう。

一郎君のプロフィールを紹介しましょう。小学校二年生の一郎君は、三歳の弟さんとご両親の五人家族です。

赤ちゃん時代はよく泣いたが、近くに住む祖父母が母親代わりの育児を続け、お母さんは一歳過ぎまで入浴の世話をしたことが無かったそうです。毎夜急に泣き出すので、五年ほど抱き寝を続け、入学まで毎晩おねしょをして、爪や鉛筆などを噛む癖もありました。入学後はおねしょを心配したためか、毎晩午前二時ごろに、トイレに行くのにお母さんを起こすようになり、また、就寝後二時間後に、冬でも顔だけに汗をかきます。お母さんと弟さんが遊んでいると、一郎君は直ぐにやきもちを焼いて抱っこをせがみます。

二年生になっても、発音がハッキリしないために、相談を受けに教育センターを訪ねてきました。一郎君の発音は、ラ行音がダ行音に、ザ行音がジャ行音になっていて、舌先の動きが制約されていました。聴力、知的発達などに問題は認められませんでした。一郎君に国語の教科書の音読をお願いしたら、「読むのは嫌い」といわれてしまったので、三行だけでよいという条件で音読してもらいました。読みぶりは、いくつも単語を抜かして読んだり、同じ単語を繰り返して読んだり、自信のない声で読み、著しい読み誤りが目立ちました。

親子のかかわりを詳しくお聞きした生育歴の調査の後で、お母さんには、今朝の親子の会話を思い出してもらいました。次のような即席のメモができました。

《起床から登校までのお母さんのことばかけ—思い出すままに(紙片にメモ)》

母「起きなさい」

—間—

母「時間がないよ!」

—間—

母「早く起きなさい!」

(こんなことばかけの繰り返しで起床、次のことばが続く)

母「着替えなさい」

母「顔を洗いなさい」

続き「ぐずぐずしないで！」

「早く食べなさい」

「ハンカチもった？」

「忘れ物ない？」

「みんなが待ってるから、早くしなさい！」など。


お母さんには、こんなお話をしました。

「おじいさんおばあさん中心の育児と、また弟さん誕生後はいっそうお母さんとの愛情が伝わりにくくなりました。そのために一郎君は、安心感の貯えがたいへん不足して、欲求不満の生活が続いてきているようです。このために、夜はトイレ起こし、寝汗、昼は爪噛み、やきもちなどは、お母さんにもっと可愛がって安心させて欲しいという、救助信号だと受け取れます。

そこで、これからは『育て直しの育児』のつもりで、次のような子育てを続けましょう。

①抱っこやおんぶ、優しいことばかけで、可愛がり安心させて、安心感を貯えてあげます。ガミガミと注意や禁止、督促などのことばかけは少なくします。（参考までに、右のメモの紙片で解説しました）

②兄弟を公平に育てます。二人に、本の読み聞かせを続けましょう。

③トイレ起こしやおねしょの様子を、しばらくの間メモに残してください。

④発音の指導は担当者に任せていただきます。

なお、クラス担任からは、「一郎君は、いつも眠そうな顔をしていて、活発さがないです」との連絡をうけました。

発音を育てる歩み

お母さんの依頼もあって、大学病院の口腔外科で、舌先の動きをよくするために、舌小帯の処置を済ませました。その後、週に一回ずつ個別の発音の指導を進めました。まず、自分のことばの録音をテープレコーダーで聞いて、不正な発音に気付き、その不正な発音を直す気持ちにさせました。そのあと、正しい発音、不正な発音を聞き分けることのできる、鋭い耳を育てる遊びの学習に入りました。同時に一方では、正しい発音の仕方を一音ずつ身につけました。ふだんの会話でも、身に付けた発音を無意識に使いこなせるように、自然な会話のなかでの特別支援も進めました。こうして指導回数が合計八回、二ヶ月余りの発音の学習期間で、正しい発音を獲得して、発音のすべての指導を終了できました。

お母さんへの個別の面談による支援は、一郎君への発音の指導の後に毎回続けました。そして、一郎君の指導がすべて終了した後も、お母さんへの支援は続けました。

急な変化に驚くお母さん―一週間後の面談から―

以下の記述は、母親支援の経過のなかで、親子の変容を示したものです。

お母さんに、育て直しの育児の様子をお聞きしました。

母 「この一週間は家にいたので、たくさん抱いてあげられました。このためか、夜のトイレ起こしはなくなりました」

（お母さんは、急な変化に驚かれ、また日曜日は外出で抱いてあげられず、この夜にトイレ起こしの求めがあって、これにもお母さんは驚かれました。——大熊）

母「絵本の読み聞かせは、兄弟別々に毎晩続けています。母親としては、入浴のときと本の読み聞かせのときが、一日のうちで心が一番ゆったりします。

先週は、子どものことでカッとなり、注意をしてしまいましたが、先々週は一〇〇パーセント、ガミガミ言わず我慢できました。朝は六時半に子どもを起こし、次々にことばをかけて子どもを動かし、つい口癖で、言ってはならない催促のことばを言ってしまって……」

大熊「兄弟への公平な読み聞かせは、いいですね。（先週のメモの紙片を紹介して）母と子の会話をメモして、口癖を直すきっかけにされては……」（お母さんの今後の課題としました。）

一週間後に面談をしました。

《母と子の会話メモ—午前七時を過ぎた頃の会話》

母「さあ、ご飯にしようか。顔洗っておいで」
子「顔なんか洗いたくない」
母「汚い」
子「………」（抱っこを求めてくる）
母「ホラ、重たくて抱っこできないから、立って」
子「じゃあ、おんぶ」

母「おんぶがいい？」
子「じゃあ、おんぶ、僕だけ」（一郎をおんぶして、洗面所まで）
母「顔洗い場に……、とうちゃあーくー」

母　「会話のメモを意識して催促のことばを言わなくしましたが、それでもメモを見るとかなりあります。近頃は、朝起きたとき、私は楽になりました。私から一郎への『時間だよ』のことばかけだけで、ガミガミ言わなくてすんでいるからです。私の代わりに子どもが随分としゃべり、入浴中は一郎が一人でしゃべっている感じです」

大熊　「肌の接触を多くした接し方が、メモでよく分かり、お母さんの努力が読み取れます。一郎君がよく甘え、進んで話すようになってきました。いい傾向ですね。『おんぶ、僕だけ』のことば遣いに、これまでの一郎君のやきもち、お母さんを独占したい気持ちがにじんでいます。公平な育児、がんばってください」

母　「二人とも、私を奪う競争です。がんばります。トイレ起こしと寝汗の記録ができました」

左の表はお母さんの記録です。○印はあった日、×印はない日を表わします。

○月　日	トイレ起こし	寝汗	メ　モ
〃　18日	×	○	
〃　19日	○	○	抱っこせず。寝る前に読み聞かせ添い寝した。

〃 20日	×	○	
〃 21日	○	○	夜叱る。父親にも8時頃叱られる。
〃 22日	×	○	
〃 23日	×	○	
〃 24日	×	○	寝る時、来客のため読み聞かせできず、一人で就寝。

大熊　「抱っこのない日と叱られた日に、トイレ起こしと寝汗があるのが、記録表で分かります。子どもは親の心を、敏感に感じ取りますね」

母　「本当に私もそう思います。ほかのお母さんの体験手記を読み、甘えさせても大丈夫なことが分かり安心しました。一時は、大変なことになるのでは、という心配がありましたが、よかったです。『甘えさせ』と『甘やかし』の違いがやっと分かりました」

大熊　「これからは安心して、子どもを甘えさせ、可愛がった育て方をしてください。二人の子どもはお母さんに甘えられるのをいつも、待っていますから」

その後の八ヶ月間の歩みをお母さんは次のように話されました。

母　「トイレ起こしのない日が六日ほど続き、トイレ起こしをした日は、翌朝になり起きたことを覚えているようになりました。寝汗のない日が続きました」

母　「実家に帰ったら、祖父母から『随分変わった。落ち着きが出てきた』と言われました」

母　「会話メモを付けている私の姿を見てきた一郎は、自分の家庭学習に前向きになってきました」

母　「トイレ起こしのない日が七日も続きました。学校での講演会で、『叱り方、褒め方』の講話を聴き、身に染みるようでした」

母　「会話メモを付けていたので、二ヶ月前と現在の自分と子どものことをくらべられるので、役に立つ会話メモだと思いました」

大熊　「三ヶ月ぶりの一郎君は、落ち着いていて、国語の教科書の音読をしたら、自信のある読みぶりで、読み誤りはありませんでした」

音読がうまくできるようになったのは、担任の先生が国語教育の研究熱心な先生で、音読の読み方に力を入れてくださった成果だという、お話が伝わってきました。

生き生きしてきた一郎君――二年目には計四回の面接――

トイレ起こしの回数が、月に二～三回に減り、冬休みの前には、一郎君の問題のすべてが解決できました。冬休み前の会話メモを、お母さんから見せられました。

《十二月二十四日の会話メモ》

子　「おはよう」
母　「おはよう」
子　「お父さんは？」
母　「もう出かけたよ。今日はクリスマス会だっけ？」
母　「ご飯食べようか。お餅でいいでしょう？」

子「いいよ」

子どもがリードする会話メモに変わっていて、母と子の心のハーモニーを感じ取れる内容に成長していました。この時点で、クラス担任からこんなお話を聞くことができました。

「鉄棒の前回りが怖くてできなかったのが、練習の結果、できました。本人はこのことで、たいへん自信がつき、縄跳びも練習してできるようになりました。国語の音読の練習もよくしていて、授業中に手を上げて、音読発表をする機会が多くなってきました。一学期の間は、眠そうな顔ばかりしていましたが、三学期にはなくなりました。」

三年目、四年目には、読み聞かせを続けてきてよい読書態度が育ち、学校の読書委員として活躍しているなど、喜ばしい成長の報告がありました。

九　母親支援は母親の心を救うことです

第一部の泣くことの意義からスタートして、安心感を貯え、土壌づくり、心とことばの小さな芽から大樹へと、愛して育てる心とことばの育児、保育、教育のあり方を考えてきました。この長い道のりの主役は、なんと言っても「母親」です。この大事な「母親への支援」は、「子どもへの支援」以上に重要です。

というのは、お母さん自身の安心感の貯えが十分にあってはじめて、子どもの心とことばを育てる土壌づくり、可愛がり認め褒めることばかけが可能となり、日夜続けられるようになるからです。ですから、「気になる母子関係」「救助サイン」などにかかわるお母さん方には、ほかのお母さん以上に、緊急な特別支援が必要です。

心やことば、聞こえなどの発達相談支援の各種の機関では、学校や教室、地域や施設単位などで、随時または定期的に、個人面談による特別な支援を進めています。お母さんの不安な気持ちを軽くしてあげながら、子どもの「よい遊び相手役」「よい話し手役」に接近できるように、時間をかけてきめ細かい支援を続けています。

個人面談、母親学習会、保護者研修会、講演会、チャリティの各種の行事、親子宿泊研修会、療育キャンプ、各種レクリエーションなどの集いを開催してきています。どんな形の母親への支援でも、その本質は母親の心を救う仕事だと考えられます。支援の内容は、すべて母親の心の救済の仕事です。
次の発言リストは、個人面談による支援や、さまざまな集いに参加されて支援を受けられたお母さん方の感想です。

個別の面談を受けたお母さんの感想

母親A「一対一の面談を続けていただいたお陰で、日頃の溜まっていた愚痴、不満、不安な気持ち、ストレスなどを吐き出せて、毎回スーッとした気持ちで帰宅できた。そうしているうちに、私自身、自己反省することができて、私の子どもへの接し方の悪いのに気づき、通い始めて半年目頃から、子どもの接し方を一八〇度変えることができた」

母親B「個人面談で、先生がいっしょに悩みを吸い取るように聞いてくれるし、いっしょに考えて頂けるので、先生への信頼感が強くなり、育児に自信と希望を持てるようになり、お陰で家の中が明るくなった」

母親C「ガミガミ母さんだった私が、変身して、認めたり褒めたりのことばかけが多くなり、親子関係が普通の母親になることができた。子どもが長年、望んでいた明るい積極的な性格になれたことは、感謝しきれないほど」

母親D「自分の体験を気軽に話せるので、ストレスの発散に役立ち、一種の心のガス抜きの効果があった」

母親E「親譲りのガミガミお母さんだった私が、子どもとの遊びが楽しくなり、子どもに甘えられたり、なつかれたりしてきて、母親の醍醐味を味わっている。これも、先生のご指導のお陰」

母親Ｆ「自己反省力を強められた。育児メモや会話メモなどの利用で、親自身の変身ができて、これ以上の感激、感謝の気持ちはない。親子共々の成長ということばが、体で理解できた」

グループの面談を受けたお母さんの感想

母親Ｇ「互いに慰め、励ましあうことができて、気が楽になってよかった」

母親Ｈ「困り、悩むのは、自分一人だけでないことが分かって安堵感がもてた」

母親Ｉ「人の体験からヒントをもらい、わが子の育児に役立てられた」

母親Ｊ「支援者の専門的なアドバイスなどから、視野を広げられたり、客観的にわが子を見る目が育ってきたように思う」

母親Ｋ「親が変われば子も変わる、のことばどおりのことを体験できて感動した」

母親Ｌ「役所への陳情などをしてみて、親の会の存在理由などを体で理解できた。立派な先輩の親に接することができて、本当によかった」

以上のお母さん方の感想が証明するように、心とことばを育てる育児の母親支援の中身は、お母さんの心を救うことです。そのためには、直接的な母親支援のほかに、お母さんと支援者との連携を強めるために、両者の間の連絡ノートの交換、「保育所、園、教室、学校、施設だより」的な通信文の発行、定期的な文集の発行など、連携を強めているのが現状です。

1　対談　母親支援の実際

公立幼稚園内に設けられていることばの障害児の特別支援教室を訪ねました。早期支援、母親支援の実情を担任教師との対談で報告します。

話し手　向井　幸枝（千葉県市川市立稲荷木幼稚園教諭）
聞き手　大熊　喜代松

最近のお母さんの特徴

大熊「今、このことばの教室では、何人ぐらい、どんな子ども達が通ってきていますか。」

向井「三十九人の子どもを三人の教師が担当しています。構音障害児が十五人、吃音児が十人、ことばの発達の遅れた子が八人、難聴児が六人です」

大熊「ところで、先生は小学校と幼稚園のことばの障害児教育の経験が、二十八年もあるわけですが、近頃のお母さんの気になる特徴はありますか」

向井「子どもの気持ちが、見えないお母さんの増えてきていることです。たとえば、教室の指導が終わって子どもが玄関から外に出るとき、子どもは上履きを脱いだままにして、ブランコ遊びに走っていきます。お母さんは、『上履きを忘れないで』のことばを聞かずに、走り去る子どもに、話を聞かない、忘れ物が多い、言いつけを守れない、というように子どもをいつも見ているわけです。子どもの心の動きを考えようとせず、親のほうからだけ一方的に子どもを見てしまうお母さんが、増えているように思います」

大熊「同感ですね。そこで親子ぐるみの支援が必要になりますね」

向井「親子が、互いのコミュニケーションが、できないでいますね。親と子の気持ちのやり取りがないためですね。また、お母さんは自己反省ができないことが多いので、子どもの気持ちを読めなかったり、汲み取れなかったりするのが当然のことでもあるようです」

大熊「ここで、今、お話しのあった親子のコミュニケーションがよくない母子の先生の支援の様子を、先日、見学しました。その授業を見て、感動しましたので、その一部の様子を紹介します。

《子どもと遊べないお母さん―母親支援の実際場面の展開》

『高い場所から飛び降りるのが大好きな男の子を、一メートルほどの高さの箱の上に、子どもを登らせます。飛び降りるのを下で待ち受けていた先生が、「さあ、いいよ」の掛け声をかけますと、満面に笑みを浮かべた子どもが、先生の胸をめがけて飛び降ります。抱きとめた先生と子どもが、「やったあ」といっしょに歓声を上げ、両手を挙げて喜びます。子どもは大いに満足し、その繰り返しを先生に求めます。そして再び飛び降りて遊びました。

傍らの母親には、子どもの喜ぶ笑顔と体全体で喜ぶ姿を、見学してもらっています。母親は先生とわが子の遊びの感動の渦のなかに、心から入り込めない感じの固い表情で、そばで見ています。わが子の喜びをいっしょに喜ぶ表情や、声かけなどがないのです。少しばかりのお母さんと向井先生のことばのやり取りがあり、先生が子どもとの遊び役を母親に交代しました。母親はお義理で、飛び降りるわが子をやっと抱きかかえましたが、嬉しそうな表情が現れませんでした。』」

育児の連鎖を断ち切る母親支援が必要

大熊「このお母さんは、随分と固いですね」

向井「むつかしい事例ですね。この場面のように、子どもが喜んでも母親は喜んでいません。母親は子どもといっしょに喜べない遊べない、このようなお母さん方が増えていますね」

大熊「私もそう思います。親子で喜べないのは、母親にいろいろあるのでは…」

向井「ええ、生まれつき人とかかわることがスムースにできにくい子どもは、母子の愛着関係の育ちにくさをもともと抱えている育児の状況がある場合が多いですよね。でも、ややもすると母親が子ども時代に、今のお姿さんである母親から、遊んでもらって可愛がられて育てられていない場合もあるようです。そのために、成長して親になってもお母さん自身に体験がないので、わが子を遊ばせたり喜ばせたりができないのです。

ですから、『お母さん、子どもを喜ばせて……』『子どもと遊んで……』と私が言っても、遊び方が分からないし、喜ばせられないのですね」

大熊「親から可愛がられ、遊んでもらい、喜ばせてもらった感情体験がないお母さんは、先生から言われて遊んであげてと言われても、実行できないんですね。親から譲り受けた悪い面での『育児の連鎖』ということですね」

向井「ですから、支援の相手は子どもではなくて、母親を子どもだと思って、母親の気持ちをできるだけ楽にしたり、労をねぎらったりして、子育てを具体的に支援する工夫が大切になりますね。

前に先生に実際場面を紹介いただいた事例が、うまく進まないわけですね」

大熊　「確かに。育児の連鎖を断ち切って、子どもの育て直しといっしょで、母親支援も子どもと同じ考えで進まないと……」

向井　「母親支援抜きの、子どもへの特別支援教育は、考えられません」

大熊　「そのとおりです。次に、生育歴を調査することで、感じていることは？」

自己防衛的になるお母さん

向井　「子どもの生い立ちをお母さんに尋ねますと、自己防衛的な答え方になります。当たり前のことですが、面接による生育歴の調査を始めるときには、お母さんに何のために生育歴の調査をするのか、ねらいを話して理解をいただいてから質問を進めたいですね。生い立ちを聞きますと、お母さんが責められているように受け取ってしまい、防衛に入ってしまうわけですね。
　ですから、『お母さん、大変だったんですね』『精一杯、お母さんはやってきたのですね』と言ったことばかけをして、お母さんの気持ちを察して、汲み取ってあげることが、面接による生育歴の調査では大事だと思います」

大熊　「お父さんのことでは……」

向井　「育児を進めるお母さんを支えるお父さんが、少なくなってきているように思います。また、夫婦のコミュニケーションが互いに下手なようにも思います。お父さんへの支援が大事になることもあります」

大熊　「このような子を担当する機会の少ない教育経験の浅い先生方には、なにを望みますか」

向井　「自分の気持ちを白紙にして、親子の気持ちの動き、母親の動揺する気持ち、特に『傷つく心』を細かく感じ取っていく感性が大事だと思います。そして、臨機応変に対応できる先生であって欲しいと思います」

大熊　「ありがとうございました。今後もがんばってください」

2　教室と親の会活動による母親支援の実践

栃木県大田原小学校ことばの教室担任　秋元　崇子

「通級」という形をとっていることばの教室では、他校から通ってくる子供たちは、家族に送ってもらわないと通級することができません。週に一回、母親と楽しそうに話しながらやってくる子もいますし、暗く重い足取りで来室する子もいます。家族はことばの面だけでなく、その子の全体的な発達に一番良い環境であるべきです。

そういう意味でも、私は、母親支援を除いては、ことばの教室を語れないと思っています。担当者が行う教室での母親支援と共に、親同士のつながりである親の会の存在も重要です。

(1)　母親支援の実情

①　ことばの教室の概要

大田原小学校のことばの教室は、今から約三十年前、昭和四十八年に設置されました。まだ養護学校の義務設置もなかった頃で、障害の程度が重い子から構音障害などの軽い子まで、様々な子供たちが通級していたようです。通級に関してもまだまだ制度が確立されていない頃で、試行錯誤をしながら指導に当たっていたと聞いています。担当者は、栃木県内に研修する場所がなかったことから、他県の研修センターで一年間の研修を行った後に担当していたそうです。

ここ何年かは二名の担当教員が、年間約四十～五十名の子供たちを指導しています。通級児の障害としては、構音障害・言語発達遅滞・吃音・口蓋裂・学習障害などで、その他自閉症によるコミュニケーションの問題、不登校等の相談で通級してくる子もいます。

ことばの教室が設置された次の年に、『大田原小学校ことばを育てる親の会』ができました。その頃の親の会の主な活動としては、行政への働きかけだったと聞いています。

②教室での母親支援

初回面接時に、発音検査や絵画語い検査等の他に生育歴調査を実施します。教育的診断をする上でも、生育歴調査は是非とも必要です。生育歴調査は『心の発達』に関することで、子供の発達課題のうちでどこの部分が育ちそびれているかが分かるものです。人見知りはしたか、抱き癖はついたか、母親の真似はしたか、自分の要求を出したか、反抗期はあったか、ことばの発達はどうだったかなど簡単な項目です。これらをよく見ていくと母親との関係や、父親の影響はどうか、自主性は育まれているかなどが分かってきます。人間関係の土台の部分である母子関係が少し足りなかったかなと思われる場合は、母親とのスキンシップをとるよう心がけてもらいます。お母さんの心の安定も図りながら、家庭で楽しく子供と接することなどの宿題もお願いします。

担当者は子供の直接指導と共に、ことばを育てるのに一番大事な母親と子供の関係作りのアドバイスをしていきます。感度の良いお母さんは子供の様子をよく見て自分も努力をし、問題点を改善していきます。しかしながら、最近気になる母親の傾向としては、頭では分かっていても口出し手出しが抑えられない、自分のペースを変えられないで子供を見てイライラしてしまう、子どもの行動を待っていられないなど、やや自己中心的なところが目立つことです。また世間体を気にして通級することさえ抵抗のある方もまだまだいます。社会の急激な変化によって、価値観も多様化してきています。不易流行ではありませんが、親子関係においてはやはり不易の部分を大切にして母親と父親がバランス良く子育てにかかわれたらいいなと思っています。

③ことばを育てる親の会の活動による母親支援

先輩の方々が築いた親の会活動は、その時々のニーズに応じて形を多少変えつつありますが、現在も継続されています。会員の精神的な支え・悩みを打ち明けられる場・親子のスキンシップの場としての役割を持ちながら、綿々と継承されています。

働くお母さん方が増え、活動の時間が取りにくいのが現状ですが、できることを無理せずにやっていることが、長年続いている一つのポイントであると思っています。

(2)　親の会の活動内容

①宿泊学習会

県北地区小学校六校のことばの教室などの合同宿泊学習会と、大田原小学校単独のものとあります。

さまざまな親子の遊び、講演会で親の勉強会をし、子供が寝静まってからは分科会と称して親の悩みを話し合うなど、内容的には盛りだくさんです。他校のお母さん方と交流できる場所でもあります。

　大田原小学校単独では、現在は二年に一回程度の開催で、近くの温泉を利用し、親子共々ゆったりとくつろぎながら、親の勉強会(講演会)、そして慰労会などを実施しています。講演会講師には、その道のエキスパートの先生をお呼びし、担当者もいろいろなことを学ばせていただいています。宿泊学習は計画や準備が大変ですが、参加した人は日頃気付かなかった問題や今後の課題など、いくつかのお土産を持って帰ることになります。

②文集『折り鶴』の発行

人の話を聞いたり話したり、深夜まで尽きない育児談

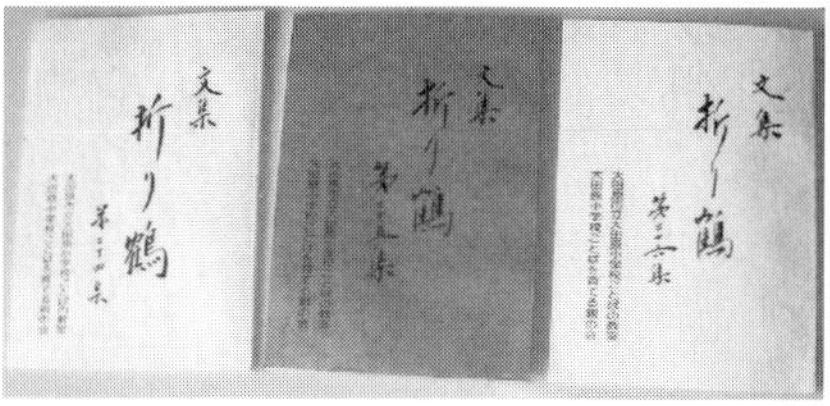

地域の方々の支えもあり27年間も続いている文集『折り鶴』です

学校と親の会の発行で、本年度で第二十七号になり、二十七年間休まずに発行してきています。〃継続は力なり〃ということを強く感じるもので、県内でもこれは誇れるものの一つだと思っていますが、継続して発行することは、やはり大変な作業です。書いてくれる親は何人いるか、原稿は間に合うか、コメントはどうしようかなど、担当者は、毎年二月には『折り鶴』のことで頭が一杯になります。正直、荷が重いなと感じたこともありました。しかし、会長さんをはじめ多くの親からの投稿により毎回、涙と笑いに満ちた素晴らしいものが出来上がっています。親にとっては今までの子育てを反省する機会でもあり、今後の子育ての方向性を確認する場にもなっています。「私もそうだった。」「こんなふうにしていけば良いんですね。」などの感想を聞くたびに、文集の持つ力を確認し継続してきました。初めて来室された方に手渡して、まず親の思いを読んで頂きます。お母さん達にとっては参考書代わりにもなっているわけです。(発行に際しては、金銭面で長年の間大田原市のライオンズクラブ、ライオネスクラブ、ロータリークラブの皆さんの御支援をいただいております。)

③講演会

毎年、お母さんたちの研修を目的に実施しています。県内外から識見をお持ちの先生をお招きして講話をして頂いています。

④総会

通級児童の保護者から入会希望を取り、総会を開きます。校長先生を囲んで座談会を開いて、子供の実態・親としての悩みなどを話し合い、その後一年間の活動内容を検討し合います。年会費は三千円で、さまざまな活動費として利用しています。

⑤月例会

毎月一回、曜日を決めて都合のつくお母さんたちが集まります。内容を工夫しながら会員同士の交流を図っています。月例会では本音で話が出来ること、健常児のお母さん方に言っても分かってもらえないことを打ち明ける場として、ストレス発散の場でもあると思います。また、安心して話をすることで現在の子供の状態を的確に把握することが可能になってきます。さらに、先輩格のお母さんからアドバイスを受けることもあります。具体的には、話し合い、イチゴ狩り、親子料理教室、フラワーアレンジメント、親の会新年会、もちつき打ち合わせ、役員打ち合わせなどの活動です。

⑥もちつき会

特殊学級合同の行事で、親子レクリエーションの意味合いで開催しています。お父さん達の出番でもあるわけですが、学校週五日制で土曜日が使えず参加者が減ってしまったのは残念です。

※ＯＢ会：親の会には、担当者を囲んでのＯＢ会があります。私自身も年代が少しずれる二つのＯＢ会に参加させてもらっています。ことばの教室を卒業した子供たちのその後が聞ける場でもあります。子育ては、その年代によってまた悩みが違ってくるもので、子供たちの今の様子を聞き安心したりちょっぴり不安になったり……。でも、ＯＢ会のお母さん方は、一つの山を乗り越えてますから少しのことではへこたれません。お互いに励まし合い、「元気でまたね。」と別れます。私自身がパワーをもらえる場でもあります。

まとめとして、親の会の行事は、社会の変化に伴い、少しずつ形を変えながら無理せず継続しています。お母さん方と活動内容を決め、会員が主体的に参加できることも大切なことだと考えています。親子で楽しめ、母親の学習の場(先輩のお母さんから後輩のお母さんへ語り継ぐこと)や、母親のストレス発散の場となるよう、今後も内容を工夫し、出来ることを無理なく続けていきたいと思っています。

3　支援センターとしての養護学校の実践

千葉県立夷隅養護学校教頭　菱沼　正

(1)　ラッコくらぶとは

今月も「ラッコくらぶ」の時間がやってきました。子どもたちは自立訓練室で、夷隅養護学校の先生が行うエプロンシアターを食い入るように見つめています。

エプロンシアターは、本校の職員が「大きなかぶ」や「ブレーメンの音楽隊」「おむすびころりん」等出し物を工夫し、子どもたちが楽しめるようにしています。そのほかに個別の遊びや集団遊び等も行っています。

こちら側のコーナーでは、今日参加したお母さんたちの「母親の集い」が持たれています。これは、お母さんたちの悩みや不安・困っていること等を、別のお母さんたちからヒントを得たり、共通する話題を話し合ったりする場です。特別な支援を必要とする子どもを抱えたお母さんたちが、子育てで孤立してしまわないように支援できればいいなあという願いのもとにスタートさせたものです。ようやく一年が経過しようとしています。

「ラッコくらぶ」は、夷隅保健所(夷隅郡市を管轄としている)が行っている「子育て支援事業」が基本となっています。従って、事業主体は保健所で、この事業に養護学校、夷隅郡市すべての保健課（保健師）、福祉課（保育士）、すべての教育委員会（教員）等が協力して進められています。医師及び心理判定士の依頼は保健所が担当しています。連携の広がりとともに「ラッコくらぶ」（子育て相談と集団遊びの会）と名付けられました。

内容は言葉等に不安があるお子さんを対象にする「発達教育相談」と手足・体の動きに不安のあるお子さんを対象にする「発達訓練指導」とに分かれています。前者は年間十二回、後者は六回開催されています。本校会場での開催は、それぞれ六回ずつです。つまり　母親の集いは十二回ということになります。

後六回は郡市がそれぞれ一回ずつ開催しています。

(2)　ラッコくらぶのある日の様子

○月○日

菱沼「子どもと接して『あっいけない、こんなこと言っちゃった！』ってことありませんか？」

母親Ａ「行動が遅いし、出来ないときには『何でこんなことが出来ないの！』って手をたたいてしまったことがあります」

母親Ｂ「私は、しっかりして欲しくて叱るんですが、それが多いのかも。先日『後で叱らない？』って言われ反省しました」

母親Ｃ「私は、上の子と比較してしまうんです。言葉がおかしいので、練習させている時に叱ってしまう」

母親D「私は、叱るというより言葉掛けが少なかったです。ビデオを見ているとおとなしかったので放っておいたかなあと思っている。言葉はかなり遅れていると思います」

母親A「うちの子も忙しいときにテレビを見せておくと『あーあー』って私を呼んだり、ティッシュをいっぱい出してしまったりします」

菱沼「甘えたいっていう信号でしょうね。子どもは、母親から全身で愛情を受けることが必要なんですよね。心から安心して接しられる人が母親なんだと思います。そうしてみると、みなさんには接し方の部分でもう少し安心感を与えるように心がけて欲しいなあって感じます。よろしくお願いしますね。」

○月○日　子どもの言葉で悩むお母さんが多い

菱沼「きょうは、お子さんの心配なことを話して頂いて、『私はこうしてる』、ということがあれば意見を出して頂きたいと思います。お母さん方がお互いに学んだり教え合ったりできる場にしたいと考えますので、遠慮なく意見を出してください」

母親E「私はかなり話しかける方だと思っていたのですが、ラッコに来てまだまだ少ない方だと感じました。ここに来て心が開放されたようです。この頃私も変わったし子どももずいぶん話せるようになってきました。二語文はまだ話せませんが、理解できるようになったんです」

母親F「私は上の子には良く話しかけましたが、下の子には少なかったと感じています。ビデオ中心だったと反省しています」

母親G「実は三歳で言葉がでたらと思っていたら、昨年は検診で一年以上遅れていると言われました。ラッコに来て一年以上、ようやく二語文になってきました。サ行の発音が難しくて、サ↓しゃ、ソ↓こ、になってしまいます。時々私が焦ってしまうんですが、言葉の先生に大丈夫と言われ安心しました。ここに来て、『いろいろな子どもがいる、焦らない方がいいんだ』ということを学びました」

母親H「私のところはザ行が言えない。ぞう↓じょう、になってしまいます」

母親I「うちの子は五歳にしてようやく言葉らしくなりました。でも『何食べたの？』『何して遊んだの？』という質問には答えられないんです。だから会話は一方通行なんです」

母親J「一方通行でも話せるようになって良かったね」

菱沼「言葉についての話がずいぶんでました。小さい頃はお母さんが多く話しかける方がいいと思います。言葉をたくさん覚えられますからね。また、発音・発語については、ラッコに来ておられる言語の先生に直接尋ねてください。Gさんのように専門的な話を聞けますからね。子どもはお母さんに一生懸命話すんです。発音が不明瞭だったり、よく意味が分からないときでもいっぱい聞いてください。そして、返事ははっきりした言葉が良いですよ。どうか安心できるゆったりした存在であって下さい」

母親K「ラッコに来るようになって単語が出始めたんです。そしたら私の所に来るようになったんです。甘えるようになったかな？って思います。話を聞いてあげているからなんですね」

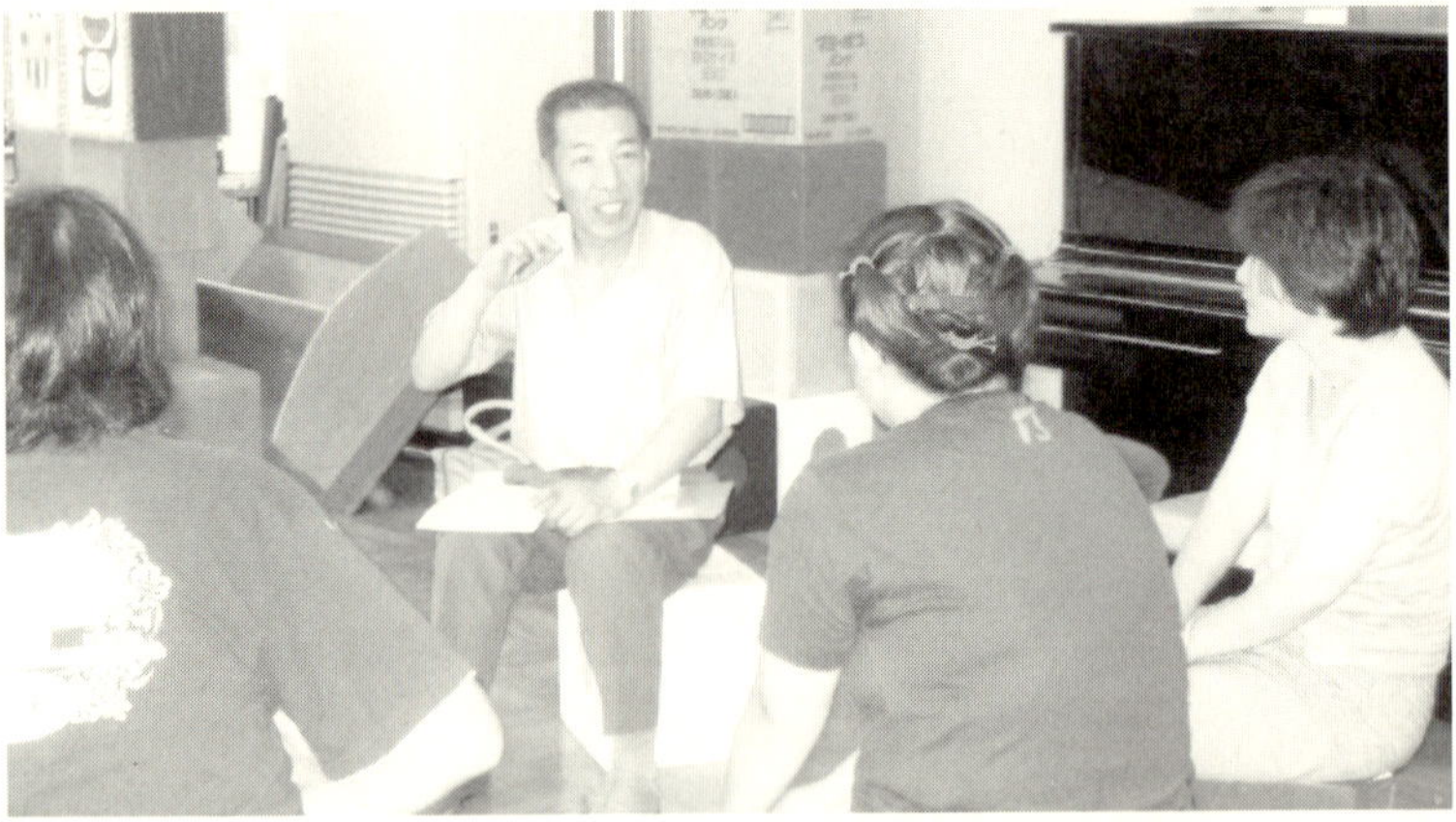

ラッコくらぶはユーモア溢れる司会で話し合いが進みます

母親Ｅ「違う話なんですが、五歳になってもまだオムツが取れないんです。オマルに座らせても出なくて、オムツのなかにする習慣になってしまっているんですが、何か良い知恵をおねがいします」

母親Ｃ「オムツにおしっこがたまったままにすると、吸収できない分がもれ、足をぬらします。そのとき不快だったようなので、『おしっこって言うんだよ』と教えたら、割とスムースにおむつが取れてしまった。三ヶ月前の話です」

母親Ａ「かわいいパンツをはかせたら効果がありました」

母親Ｆ「トイレの歌があります。出る順番が分かる歌です。トイレマンの歌といいます。『ピピピピ　ピピピピ　おしりがムズムズ　トイレが　ぼくをよんでいる　トイレに　レッツゴー　おしっこかな　ウンチかな　いってみよう　やってみよう　きょうもトイレでキメちゃうよ　おしりが　おしりが　ムーズムズ　トントン　トイレに　いこう　いこう』です」

母親Ｃ「家は楽しいトイレにしています。ミッキーやトーマスを貼ったりして。だからトイレ大好きです」
母親E「出そうなのでトイレに行くんですが、なかなか出来ず、長く座っていても出ないので終わりにしてしまうんです」
母親I「お風呂場も良いですよ。流せちゃうしね。することない？」
母親E「あります」
母親I「そういうときには、めちゃ褒めると良い、褒められるとまたすると思う。そしてトイレに移していけば？」
母親E「ありがとうございます」
母親G「おしっこの姿勢を教えるっていうか、後ろから抱きかかえる方法は良かったです。出やすくなるみたいでしたよ」
菱沼「Eさん良かったですね。『これは良い！』って方法は簡単には見つからないかもしれませんがみんなの意見は参考になりますね。お母さんの褒めことばで習慣を変えてあげてください」

(3) お母さんたちとの話し合いをとおして思うこと

母親の集いは、特に結論を出すための話し合いの場ではなく、共通の話題や日常生活で困っていることなどの話し合いができれば良いと思っています。オムツ、排泄、言葉、偏食改善、進路、障害理解等そのときによって内容は異なりますが、話し合いはだいぶ慣れてきました。そして、いつも感じることは、やっぱり他のお母さんからの体験を実際に出して頂くことで学び合うことになるんだなあということ。私はそれを有効につなげたり、少しのヒントをあげられたらいいなと願っています。

(4)　二人のお母さんの手記より

○母親O

私の子どもは肢体不自由で車いすを利用しています。地元の小学校に通っていますが、小さい頃には就学前の障害児の集う場や話し合う場がありませんでした。いま夷隅養護学校でラッコくらぶが行われるようになり、遊びや、理学療法士、病院の先生との相談等があり本当に助かります。親たちの悩みを話し合う場もあります。ここは、リラックスして話せますし、私のような親子にたくさん会うことができます。母親のストレスは、ここで親どうし話すことでかなり解消できます。私は、多くのお母さんたちに、私が学んできた障害児に対する見方への対応や小学校での様子など、今まで体験してきたことを伝えていきたいと思っています。ですからもう少しラッコくらぶに通うつもりです。

○母親I

私の子どもは四歳で言葉が出るようになりましたが、こちらからの問いにはまだ答えられません。「母親の集い」に参加して、「みんなが出来る子ばかりじゃない、仮に二十年かかっても良いじゃないですか」とか、「このお母さんなら任せても大丈夫！　お母さんは選ばれた人なんだと思いますよ」、そんな考えをもらいました。だから私は、一回で出来なければ二回でも十回でも同じことを教えれば良い、学び取れる環境を作ってあげたいと思っています。

どんな些細なことも見逃さずに褒めてくれる先生たち、そして褒められると嬉しそうに私の所へ来てたどたどしい言葉であっても楽しそうに話しかけてくれました。ああそうか！　何でも自信を付けさせてあげなければ！　子どもの視線で物事を見てあげなければいけない！　と気づき、少しずつ私も子どもも変わってきました。

経験豊かな先生たちといっしょにこの子を育てる。親として私も指導してもらえる。ゆったりした気分で育児が出来るようになれたラッコくらぶに感謝です。そして、我が子が幼稚園でみんなとお遊戯が出来たことを報告したときに、「お母さんも頑張ったからだよ。」と言われた言葉に、認めていただいた言葉に涙が止まりませんでした。

十　お母さんの体験・事例から学びましょう

1　登校を渋る子を育て直したお母さんの事例

(1)　一回目の面談(五月十日)

①幸恵さんとお母さんのプロフィール

幸恵さん(小二)は、両親との三人家族です。初めてのお母さんとの面談でお聞きした、幸恵さんのプロフィールを紹介します。

②お母さんの心配ごと

○学校へ行くのに、泣いて私と離れず困ります。仕方なく同伴で学校に来ても、私と離れて教室に入るのを拒むので、廊下から一日中、子どもの様子を見守り続けています。

○爪を爪でいじって切り、二年前から爪切りをしていません。

○自分の気持ちをことばで表現できません

③幸恵さんの生い立ち

三六九四グラムで誕生。あまり泣かない静かな赤ちゃんで、育児に手はかからず抱き癖はつかず、母親への甘えなつき方は弱く、後追いもしません。体とことばの発育は順調で、三歳で幼稚園に通いました。五月頃から通園バスに乗るときに、母と子が離れられず、泣き別れの毎朝が続くようになりました。

入学して三学期から登校を渋りだし、二年の一学期の連休後から強く登校を拒むので、母親同伴で登校しましたが、教室に入ることを拒むので、教室の入り口のドアを少し開けておき、廊下にいる母親の顔が子どもから見えるようにして安心させています。一日中母親は、子どもを見守る生活が続いています。

母親は、幸江さんを二歳頃からきびしく育て、ガミガミと感情的に子どもを叱り、体罰も加えました。父親から子どもを叱るときには、「感情を出すな」「冷静になれ」「怒っているときの自分の顔を鏡に映してみろ」などの助言を受けるほど、きびしいものでした。

ここまでお話が進んだとき、幸恵さんが、お母さんと離れたことに我慢できず、担任の先生といっしょに校長室で面談中のお母さんに、泣きながら面会に来ました。

④お母さんの生い立ち

兄が二人で、末の長女として生まれ、父親への思い出を次のように話しました。

「暴力を振るう父で、年中、父に殴られている母の姿を見てきました。私も父から何十回も殴られています。母は好きでしたが、父からの暴力を母はかばってくれず不信感を強めました。幼児虐待を受けた子は、親になると子どもを虐待すると聞いていましたが、いつの間にか私も……。きびしいと思っていた躾が、虐待する育児になってしまい……」

お話をするお母さんの目から、大粒の涙があふれました。

⑤お母さんの印象

お母さんの表情からは、これまでの育児疲れと悩みの深さを十分に感じとれました。自分の生い立ちとわが子の育児の共通点に気付かれ、自己反省力が強く、感情の表出がたいへん豊かという印象を強く受けました。お母さんの話すことばのはしばしから、父親の母親を支える愛情の強さも感じられました。

⑥支援者からのお母さんへの話の要旨

これまでのお母さんの育児の歩みから、子どもの安心感の貯えの不足から、とくに自立心が育ちそびれてしまい、母と子の分離への不安が強いものと考えられます。これからは育て直しの育児で、安心感を貯えてあげますと、自立心や独立心などが育ってきて成長が早くなるでしょう。「安心感の貯え」のイラスト(6ページ)を示して解説しました。

子どもは自立心が育っていませんから、お母さんと片時も離れたくない気持ちでいっぱいです。子どもは廊下にお母さんの顔が見えることで、安心します。子どもにとっては、お母さんの顔が廊下に見えることは、自分との命綱をお母さんが握っていると思っているはずです。安心感の貯えができるまで、廊下から顔を見せてあげて、大いに安心させましょう。このことが、これからの育児の出発点です。これからは、次の方針で育児を進めることにしました。

⑦甘えさせ褒める育児に切り替えを

○まず、お母さんの心配する気持ちを軽くします今日から幼稚園の連絡帳と思って、一冊のノートに育児メモをつけて、吐き出したい気持ちを、そのメモにどしどし書きます。書くことで、イライラしたどうしようもない自分の気持ちを、大いに発散させましょう。心配する気持ちを、書くことで少しでも軽くしましょう。また、愚痴や悩みの気持ちを、月に一回、私との面談の折にも、どんどん話してください。なお、お母さんの育児の仕方が悪いために、お子さんの育ちそびれが起きているのではありません。お母さんが責任を感じたり、罪意識をもたないようにします。

○おんぶや抱っこで甘えさせ、育て直しの育児を続けるようにします。

育て直しの育児のつもりで、子どもを「大きくなり過ぎた赤ちゃん」と思い、子どもからの要求・甘えをすべて受け入れてあげます。毎日、おんぶや抱っこ、子どもの好きな本の読み聞かせなどを続けて、大いに可愛がる育児をしてあげます。すると、子どもはお母さんに甘え、まつわりつくようになり、安心感を貯えるようになります。そうなりますと、自立心が育ってきて、やがて母と子の分離ができてきます。

○注意や禁止のことばかけをやめ、認め褒めることばかけにします

注意や禁止することばかけをなくして、認めたり褒めたりすることばかけを多くします。安心感を貯え自立心、積極性を育て、母子分離ができるようにするためです。子どもには、大げさになるくらい、できて当たり前のことを褒めてあげます。子どもにはそれでちょうどよいのです。

○先輩格のお母さんの体験手記を読んで育児の参考にします

これまでの育児を一八〇度変えた育児の体験をしたお母さんの手記を読んで、育児の実践の手引き

とします。

⑵　二回目の面談（六月三日）

早くも「赤ちゃん返りの現象」が現れたとの報告がありました。

母　「ガミガミと怒って子どもに雷を落とすのが、一週間前にくらべて三分の一ぐらいに減り、大声で小言を言うのも声が小さくなりました。育児メモをつけ始めてから、子どもが私に強く甘えてきたり、なついてきたり、いつもわずらわしいぐらいにまつわりついてくるようになりました。友達や父の祖父母の前でも、『抱っこ』『おんぶ』と言って、私に飛びついてきます」

母　「何かと私に口応えし、時には私と言いあいになり、自己主張が目立ちます。私が話をする前に、何度も『ごめんなさい』と言うので、『話が終わってから話をしなさい』と言ったら、子どもは『癖になっているから、しょうがないでしょう』と言われてしまいました。私は、このことばに、グサリと胸を刺される思いがしました。というのは、理由があったんです」

大熊　「グサリのことを詳しく」

母　「私は毎日、子どもを叱り飛ばすことの連続で、子どもは一日中私に、私が話す前に（怒られる前に）、『ごめんなさい』と謝り続けていたんです。このことを今、気付いたんです。子どもの言った『ごめんなさい』のことばで……。胸を刺された思いです」

大熊　「そうでしたか。気付かれてよかったですね」

母　「近頃は、私に用事ができたときに、子どもにそのわけを言って子どもと離れますが、一～二時間程度は子どもと離れても大丈夫という『実績』ができました」

①初めての育児メモの抜粋

先生に会った日(五月二十一日のメモ)

先生に会って家に帰って、今日のことを話しました。自分が今までにしていたことを反省しながら、いろんな話をした。お父さんも先生が話してくれたことを聞いて、

「本当にそうだなあ」

と言いながら、そして私を、よくここまで素直にしてくれた先生に、感謝していた。こういう私は、初めてだと……。


少し気持ちにゆとりが出て(五月二十四日のメモ)

毎日いっしょに子どもと学校に来て、家に帰れば娘の友達が来て、自分の気持ちの休まる間もないのがつらい。家にいる時は、ごろごろしてテレビを見たり、楽をしていたりしていたので、余計つらい。でも、心から子どもと付き合おうと決めたら、少し気持ちにゆとりが出てきたような気がする。

親が変われば子も変わる（五月二十五日のメモ）

> 今日は朝会があるため、いっしょに体育館に行くことで何とか泣かずにいられた。その後四年生に招かれて、教室を離れたけれど、泣かずに行った。やっぱり親が変われば、子も変わるってことかな……。少し自分に気持ちのゆとりができたから、自分も笑っていられる。

二回目の面談ではこのメモをとおしてこのような会話がありました。

大熊「幼い頃と今の甘え方やなつき方の強さは、どちらが強かったですか」
母「現在のほうが強いです」
大熊「これまで甘えてこられなかった分を、今になって、取り戻し始めているようです。赤ちゃん返りの現象は、育て直しの育児の成果です。一時的な現象ですから、心配することはまったくありません。いっそう自信をもって、可愛がり甘えさせる育児を続けてください」
母「よく分かりました」
大熊「初めてのメモですが、感情がよく表れていて、具体的ですし、自己反省もしていて、立派な役に立つメモですよ。よいメモです。感心しました」

お母さんからは、「こんな子にしたのは、母親の責任」だとする、ご自分を責める発言がありました。母親の責任だとする罪の意識をもたないように、ほかの事例を紹介して説明した場面がありました。

②教育相談室ができました

お母さんはこれまで、教室の廊下に置いている椅子を利用して、教室内の幸恵さんを見守ってきました。周囲に神経を使いながら、幸恵さんと視線をときどきあわせながら、落ち着きのない毎日でした。こんな状況のなかで、校長先生のご配慮で三階の部屋を改造して、「教育相談室」を設けていただきました。幸恵さんとお母さんに自由に利用できる、「心の休憩室」的な場所の誕生になりました。

今回は、この相談室でお母さんとの面談を進めました。

(3)　三回目の面談（六月三十日）

相変わらずおんぶと抱っこの要求のあったことが報告されました。

母「子どもが私にべったりの生活が続いています。育児法の切り替えで、私は疲れました。父親は『できる範囲でやればいい』、と言ってくれます」

（疲れのために、育児メモはなし）

母「子どもには手を上げなくなりました。でも一回だけ、学校で叩いてしまいました。自分の人間の小ささが分かり、心に、なかなかゆとりがもてないで悩んでいます。父親に当り散らすことがあります」

面談の休憩時間に、幸恵さんがお母さんに面会に来ました。ニコニコした表情で、おんぶ、抱っこと私の目の前で、要求してきました。

育て直しの育児には、お母さんの体力が大切になります。お母さんには、ご主人の協力を得て、できれば三十分でも午睡するとか、おいしいものを食べて、よく眠ることをすすめました。

(4) 四回目の面談(七月十五日)

四回目の面談では多くの育児メモがだされました。

親子で赤ちゃんの真似をした(七月一日のメモ)

六月三十日、先生の話を素直に聞けた。

大熊先生からは、

「今までの育児は、きびしく育てたといいますが、怒ってばかりの一方的なことばかけだけで、手をかけた育児ではなくて、手抜きの育児だよ」

と言われた。きっと今までの私だったら、

「何で、他人のあなたに、言われなきゃあいけないの?」

と反論していたと思う。でも、素直に「ハイ」と聞けた。きっと先生も、このことを言っていいタイミングだと思ったのでしょう。先生に出会うことがなかったら、自分を変えられなかったと思う。変えられたと言っても、まだまだ失敗の連続だが……。こんなふうに自己反省しても、時々私には、子どもに対して火山が噴火してしまい、怒ることがある。

昨日、子どもが先生にお会いしたら、先生から、

「もっとお母さんに、甘えていいんだよ」

と言ってくださった。家に帰った幸恵は、赤ちゃんの振りをしたり、べたべたと私に触ってきたりした。私も、赤ちゃんことばでしゃべり返した。子どももニコニコしながら、赤ちゃんの真

似をした。

家で洗濯してきていいかな？（七月二日のメモ）

学校に着くと、私とスーと離れて教室に入っていく。今日は、一、二時間目はプールなので、
母「お母さんプールの間、天気がいいから家で、洗濯してきていいかな？」
子「エ……ッ…」
母「だめだったら、いいよ」
子「洗濯してきていいよ」
プールのある場所まで送っていくと、泣きそうになり嫌だと目で訴えている。私は、笑顔で手を振った。あきらめてプールに向かう。その後、教室で子どもを待っていると、ニコニコ顔で……。

(5) 五回目の面談（十月十九日）

この面談時には、母と子が六、七時間も離れて過ごすことができました。

ゆとりをもって接しられる（九月二十八日のメモ）

最近、幸恵も随分と明るくなったと思います。学校の出来事などニコニコして話してくれます。

そんな顔を見る時は、本当に可愛いなあ、と思う。これまでの八年間で本当にゆとりをもって、子どもに接することができていると思う。たまに、火山が爆発しても、前とは違うと思います。

こんな接し方もできている（十月六日のメモ）

この頃私を試そうとしてふざけて、「バイバイ」と言い、どこかに行ってしまう素振りをして、
幸恵「本当にいいんだね」
と聞くので、
私「絶対に行っちゃだめ！　お母さん幸恵ちゃんが居なかったら生きていけないよォ！　幸恵ちゃんが大事なんだから、どこにも行かせない」
幸恵「本当に？」
私「本当だよ。大好きだよ」
とても満足そう。結構、こういうことがある。たぶん、愛情をことばでも確認しているのかなあ……。前から愛しさはあっても、怒っているときは本当に憎らしいと思ったりしてきた。でも本当に、最近は怒ってもそういう感情はない。

この時の面談の一部が次のように話し合われました。
大熊「メモのことばかけは、素晴らしいです。ガミガミお母さんの変身で、こんな質問が出てきて自

然でしょう。子どもから信じていいのか、といった感じのことばは、しばらくの間続くでしょう」

母「よく分かりました」

大熊「ここまでお母さんが変われたのは、お父さんの名カウンセラーのような協力を見逃せません。母性愛ではない父性愛ですね。細かい気配りのあるお母さんへの支えですよ」

母「そう思います。毎晩、夫婦で子どものことを話し合っています」

大熊「それは素晴らしい。平凡に思えますが、大事ですね」

母「先日、子どもからこんなことばかけがありました。『お母さん、爪、伸びてるよ』と言ってきたので、『やっと幸恵ちゃんの爪、お母さんが切れるのね。お母さんうれしいよ』といいました」

この頃学校での母と子の様子に、変化が表われてきました。一時間目は、子どもに求められて、いつものように廊下で待機しますが、ここ数日は教室にいる子どもと顔はあわせず、教室のドアを閉めてしまう日もあります。大きな成長です。

九、十月で五～六回ほどでしたが、一時間目の休みに「三階に行くね」と言って三階の相談室に向かうとき、子どもは「エッ」と声を出して、私と離れたくない気持ちを示しました。そんなときには、「居てあげる」と言うと、子どもは意地になって、「いいよ」と言って私から離れます。

お母さんのいる三階の相談室には、子どもは休み時間ごとに顔を見せて、安心して教室に戻って行きます。

(6)　**六回目の面談(十一月十六日)**

順調な成長の様子がお母さんから報告されました。

母「私は週に一日だけ、子ども同伴の登校後に、用事をつくっては帰宅し、子どもが下校するまで、その日は子どもと顔をあわせませんでした。昼休みにも、帰宅する日を増やし、十一月は二回だけ居ただけでしたから、相談室での面会の回数は大変減りました」

母「私の爪切りは続いています。和やかに、楽しく爪を切ってあげています」

母「帰宅後は、友達の家に自分から遊びに行きます。友達が家に来てくれたのが、近頃は自分から出かけていきます」

(7)　**七回目の面談(十二月十四日)**

自立心が伸びてきたという報告がありました。

大熊「この一ヶ月を振り返って……」

母「週に一回通うピアノ塾で、用事で私が家に帰ろうとすると、幸恵が泣き出したとき、先生が見えたので私と離れられました。こんなとき、以前の私なら、『泣かないで一人で行くといったでしょう』と、叱りつけていたでしょう。それが今は、『一人でがんばれたね』と言えるようになりました。また近頃は、子どもから『何か言うことはない』と話しかけてきて、褒めてもらうことばを言ってもらいたくて、私に催促します」

大熊「子どもの安心感の貯えができて、自立心が伸びています。これからも、おんぶや抱っこ、認めたり褒めたりして、安心感を増やしましょう。ところで、次の面談は、お母さんの希望でよいのです。何ヶ月後にしますか」

母「二ヶ月後でも、私は心配はありません」

(8) 八回目の面談―毎日喜んで登校(平成十二年二月末日)

この二ヶ月間は、幸恵さんが喜んで毎日学校に通っている、というお話がありました。お母さんとの面談も、今日で終了することになりました。

なお、お母さんが五年前から悩んでいた片頭痛が、すっかり治ったというお話でした。幸恵さんが登園を渋り始めて、毎朝泣き別れて登園バスに乗る頃に起こした片頭痛が、昨年末から治ったということです。毎回、医師の処方の薬の服用が、必要なくなったという嬉しいニュースでした。

2 親子関係を修復したお母さんの事例

鈴木 愛子(発達相談員)

(1) はじめに

初対面のお母さんは、中学生になった子ども(大輔君)が、自分で排便ができない、衣服が着られない、ことばが話せないのですと、涙ながら訴えられます。お母さんからは、大輔君に少しでも成長するなら、何でもやっていこうという気迫が、伝わってきました。

このリポートの主人公の大輔君(知的障害の養護学校中学部一年在籍)は、会社員の父と保育士の母、姉（高校二年）の四人家族です。

初対面の大輔君は、お母さんよりも一回り大きく、お腹が出ている体格です。部屋の隅でうつろな目と無表情な顔で、近くにいる両親に近寄るでもなく、あっさりした親子関係という印象でした。

(2) 大輔君のプロフィール

体重三三九〇グラムで誕生。赤ちゃん時代は、泣くことも少なく、夜もよく眠り、育てるのに楽でした。母親への後追いや、ベッタリ甘えることもなく、名前を呼んでも振り向かず、ベットから落ちて頭を切っても、声を出して泣きませんでした。六ヶ月まで母親が育児し、その後母親は働きに出て、日中は祖父によるビデオばかり見せる育児が中心でした。

四歳の時、東京の専門病院や地元の児童相談所で、知的障害と自閉症であるとの診断を受けています。

入学前には療育センターなどで訓練を受けましたが、成長の見られないまま養護学校に入学しました。小学部三〜五年生の時、激しく泣いて怒るようになりました。自分の頭を叩き、白目を出し、新聞破りが始まり、母親は大輔君の、自閉傾向が進んだと思い、怒ることが多くなり、母子関係は悪くなるばかりでした。ですから、勤め先から、早く帰宅したいと思うことは無く、いやいや家へ帰るとすぐに、母親の可愛がっている猫を抱いてばかりいて、肝心の大輔君には、全く無関心な母親でした。挫折した心の拠り所を猫に逃げていたようです。

六年生頃は、泣かなくなり、手がかからず成長したと喜んでいました。

(3) お母さんのプロフィール

大輔君の祖母は小さい時に両親が離婚し、残された祖母は、父親からも愛情をかけて育ててもらっていません。娘の大輔君の母は、子ども時代に母親から抱っこや褒めてもらったこともなく、甘えた記憶もありません。叩かれ叱られることが多くて、父も母も好きだと思ったことはなかったということでした。

保育士の職業につき、三歳児クラスの担任になった時、母親自身は自分の母親から愛情を受けて育てられていないので、子どもの可愛がり方が分からず、担任する子ども達はなついてくれず、優しい先生に、どんどんなついていきました。子どもへの愛情のかけ方が分からないまま、優しいプラス志向の夫に支えられ、長女を出産しても、子育てはどうやら進めることができました。育児は、注意や禁止と、指示や命令が多く、成長した長女が、「小さい時お母さんは、鬼のような怖い親で、いつも怒られるのではないかと、近寄りがたかった」と話をした時は、母親として保育士としてショックを受けたと言うことです。

(4) 育て直し育児のお母さんへの支援

大輔君は泣かない静かな子で、母親による可愛がる育児を受けずに現在に至っています。そのため、安心感が貯えられず母子の愛着関係が育ちそびれ、聞き分け、自立心などの成長がとまり、排便や衣服の着脱がひどく遅れたものと推測できます。今後は大輔君を、「大きくなり過ぎた赤ちゃん」と思い、その赤ちゃんに接する気持ちで、以下のような育て直しの育児を心がけるようにお母さんを支援しました。

①スキンシップ遊びを最初は一日五分ほどでよいですから、毎日続けるようにして、大輔君を大いに喜ばせ、安心させましょう。

②注意や禁止のことばがけを減らし、代わりに認め褒めることばかけをいっぱいしましょう。

③お母さんの心配な気持ちを軽くするために、子どもの様子と母親の気持ちなどを自由につづる育児メモを付け、特に自分の吐き出したい気持ちをその育児メモに書きこむことで、気持ちを発散させましょう。そして、可愛がる育児の仕方を取り入れましょう。（先輩格の母親の『心とことばを育てた三人のお母さんの体験と手記』などを読んで参考にしましょう。）

④一ヶ月に一回前後の定期的なお母さんとの面接による相談を続けましょう。そして、「親子関係は何歳からでも修復できる」ことを信じて、子どもを可愛がる育児を続けましょう。

以上の支援の方針をもとに、支援担当（鈴木）が大輔君の家庭を訪ねて、月一回前後の母親面接による支援を行ないました。

以下は、母親支援の経緯と母子の成長の歩みの記録を大輔君のお母さんの体験手記から抜粋しました。

⑸　育て直しの体験手記

二回目の面接の頃まで、投げやりな気持ちで接していました。

先生からスキンシップを五分でもよいから、毎日続けてということを聞き、五分という時間ならやってみようと続けてきたら、大輔は〝くすぐりっこ〟が大好きで、この時は大笑いをし毎日続けています。これまでは、「どうせ通じない、言ってもしょうがない、障害をもっているし、うちの子はどうせ分からない」と、投げやりな気持ちで、接してきていました。大輔の気持ちや表情を、読み取ろうなどと考えもしなかったし、じっと見つめてこなかったのです。今回、育児メモに書き止めるようになり、今まで子どもの何を見ていたのか、反省します。

四回目の面接の頃から、大輔と少しずつ視線が合い、見つめ合ったりできるようになりました。ふざけっこや、くすぐりっこ、触りっこをしていると、急にすすり泣くことが多くなってきました。大輔が泣くのでびっくりし、私はオロオロし、「ごめんね、いやだったんだ」と、ことばをかけることが多くなってきました。

以前の私は大輔に「ごめんね」のことばを、言ったことはなかったのです。「私がこんなにやってあげているのに、何で駄目なの」の、気持ちでいっぱいでした。「ごめんね」と、謝れるようになり、自分でも驚きます。嬉しいことは、大輔と視線が合い、穴があくほどじっと見つめ合ったり、おでことおでこをごっつんこしたり、微笑みがえしをすることが、多くなってきて、可愛さが増してきました。

支援を進めてから六ヶ月が過ぎました。

私にまつわりつく毎日

驚くことがいっぱいです。今まで、私の側にもこなかったのに、周りをウロウロしたり、朝起きると後ろにくっついて歩いています。食事の仕度をしていると、横にピタッとくっつき笑っています。

夜二階に行く時、私の手を引くことも多くなってきて、とても嬉しいです。

育て直しの育児を始めて、六か月を迎えます。これまで、夜中にうんこやおしっこで、夜中の一時、二時まで騒いでいたり、ゆっくり眠ることができませんでした。この頃は、寝つくのに、時間がかからなくなり、十三年ぶりに初めて静かに寝ました。私が先に眠ってしまいハッと目を覚ますと、じいっーと私の顔を、見ていることが頻繁にあります。そして、大輔といっしょにいることが心地よくなり、怒ることがなく、イライラしなくなりました。仕事が終わると、早く家に帰るようになりました。大輔と毎日遊んでいる五分間のスキンシップが、近頃は三十~四十分ほど続いています。私と大輔の楽しい時間となってきています。

接し方が変わってきた

先生の話を聞くまでは、大輔のことはこのままでよいと思っていた。いつも考えると、暗闇のなかを走り続けトンネルを抜ける事もできず、半ば諦めていた。考えても相談する所もなく、これといって方法もないまま悶々とする日々でした。最初は五分間の触れ合い遊びからスタートで、やってみようと思い始めた。いざ大輔の前で、何をしゃべったらいいのか、ことばがみつからない。ぎこちなくことばを考えながらしゃべる日々。

「私ってこんなに大輔にしゃべりかけていなかったんだ」

と気付く。スキンシップも恐る恐る手に触れたりして、嫌がられたりしないかと、大輔の様子を伺いながらするが、これもまたぎこちない。最初は、「なんてだらしがないんだろう」と、気持ちがあせる。しかし、続けてやっていると、本当に義務感だけでやっていたのが、少しずつ慣れてきて、大輔も反応を示しはじめ、微笑んでくれるようになった。目と目が合った瞬間、あまり長く見つめ合って、どうしていいのか分からない私。こんな自然なことも、我が子にやってあげずに「一体今まで、私は何をしてきたんだろう」と、反省する毎日である。「母を必要としてくれる」「手を引いて呼びにきてくれる」「微笑んで帰りを待ってくれる」。そんなことが、こんなにも嬉しいものかと思えるほど、大輔への接し方が変わってきた。支援をうけてから十ヶ月がすぎました。

私には褒めることは難しい

トイレ掃除をしていたら、私の真似をして便器を洗ってくれた。模倣をしている。この動作だけでなく、たまたまかもしれないが、語尾だけ真似して言ってくれて、とっても嬉しかった。オーバーなくらい褒めるようにしているが、褒めることの下手な私には難しい。でも、心から思っていることは、伝わってくれていると思う。簡単なことのようだが、親から褒められた経験のない私にとっては、褒めるということは難しい。頑張ろう。

いっしょに泣けたのは、今日が初めて。帰宅して祖父の家の玄関に入ると、大輔が立って怒っている。祖父に聞くと、学校から帰ってきてから機嫌が悪く、早く向こうの家へ行けとばかり、追いたてたので、大輔が怒っていると言う。家に帰るとすぐ、ベッドで泣いている。こんなに怒るなんてよほどのことだと感じる。

私「そうか、そんなに嫌なことがあったんだ、可哀想だったね」

大輔（抑えていたのが、抑えきれなくなったように泣き出し、声を絞るように「イヤ、イヤダー」と声を出して泣いた。）

私　（その声を聞いたとたん、私も涙が止まらず泣いてしまった。）
私「可哀想に、嫌な思いをさせてごめんね。嫌だったんだね」
と泣きながら声をかける。
私「お母さんはいつも大輔がいちばんだよ。泣きたい時はいっぱい泣いていいよ。くやしかったよね。いっぱい泣きな」
今まで、大輔のことでたくさん涙を流してきたが、大輔の立場になって気持ちを理解して、いっしょに泣けたことは、今日が初めてだ。二人で泣いてしまったが、気持ちが通じ合えたようで、いい涙だったかも知れない。もっともっと大輔の気持ちが、分かるように頑張るからね。
支援をうけてから一年三ヶ月後のことです。

たびたび泣くようになった

二階に上がると怒って背中を向けていた。「寂しかったの、ごめんね」と、声をかけてもしばらく怒っており、顔をしかめたりする。「どこか痛いの？」と聞き、お腹やおでこをさわったりする。熱も無いので「ごめんね一人でいたから、嫌だったんだね」と言うと、しかめた顔が少しずつ笑い始める。「あーよかった、笑ってくれてほっとした」と言い、くすぐる。そこに姉が来て、姉と少し話をしていると大輔が泣き出してしまい、又怒ってしまった。（僕だけと話してよ）と、訴えているようで「ごめんね、大輔のこと忘れていないよ」と、言う。自己主張できるようになったのだと、成長を感じる。

排便の自立も見通しが見えた

朝トイレで、便をして褒められたらにっこりする。その後二階で、パンツに便をしてくる。自分の家にいる時は、トイレで便をする回数も増えてきている。便の自立も見通しが見えてきた。

人間って、変われるものですね

大輔の子育てのやり直しを始めて、一年半がすぎました。長い間あんなに怒って、怒鳴って、大輔の側にひとときも、いたくない私でした。今は、大輔が何をやっても、可愛くてたまりません。笑って受け止められます。人間って、変われるものですね。大輔は、鈴木先生の私への面接が始まる前までは、喘息で何度もお医者さんにかかっていましたが、この一年余り、一度も病院に行っていません。元気で丈夫になって驚いています。私の方が肩こりや熱が出て、面接が始まってまもなく、手や首に湿疹ができ、皮膚科に通っていましたが、治ってきました。これも、大輔の十四年間の辛さから思えば、たいしたことではありません。以前は、毎朝洋服や指輪を何にするか楽しんでいたが、今は、自分のことをやる暇がない。子育て奮闘中です。

わーい、やったー

父親とお風呂に入ったが、泣いてしまってどうにもならず、私に助けを求めにきた。行ってみたら泣いている。「大くん、出よう、おいで」と言うと、出てくる。声を出して泣くので、「お父さん先に出たから寂しかったんだね」と言うと、父親も困っていて、「ごめん」と、謝るが、二階に上がって泣いていた。ジュースを飲ませていると泣き止む。父親がとまどっている。私と父親の立場が逆になり、心のなかは嬉しかった。(わーい、やったー)と、心で叫んでしまった。

支援をうけて一年七ヶ月が過ぎました。

これまでを振り返って

鈴木先生との面接を始めて一年半が過ぎ、大輔と心と心で通じ合えるようになってきた気がする。今まではしきりに「ことば」にとらわれていた。「何でしゃべらないのよ」「泣きたいのは私の方よ」と、とんでもないことばを、大輔に浴びせてきた。大輔に寄り添い、気持ちを通じ合うことで、心と心で会話すると言った、鈴木先生のことばがようやく、身をもって分かってきた気がする。

今は大輔と居ることが、とっても楽しい。いろいろな声を発するので「こう言っているのかな」と、気持ちを汲み取ることができ、私の心が楽になった。怒ることもなく、褒めたり、認めたりすることができて、ようやく母と子のスタートラインに立つことができた。いつか大輔の可愛い声で「お母さん」と、呼んでもらえるように頑張っていきたい。

（二〇〇四年現在も支援中）

最後に、本書の「甘えて育てる心とことば」の事例編とも言える関係書を紹介しましょう。小森さゆり著「学校に行けない子どもと百倍楽しく過ごす法」（新風舎発行）です。お母さんが、子どものことばが出ない（吃音）などの問題をのりこえ、入学後の不登校との苦闘の歩みを明るく希望的につづられた長編の体験手記です。各章ごとに大熊のコメントが挿入してあり、両親、保育士、教師、関係者にたいへん役立つ本です。

あとがき

本書で紹介している実践報告や事例などの執筆、資料のコンピューター処理で、左記の方々のご協力をいただいて、説得力のある内容を構成することができました。ここにお名前を記して、厚くお礼申し上げます。

栃木県那須郡那須町大沢小学校長　小松　隆夫
栃木県太田原市太田原小学校教諭　秋元　崇子
千葉県立夷隅養護学校教頭　菱沼　正
千葉県立夷隅養護学校教諭　吉野加津美
千葉県立夷隅養護学校保護者　金田　和恵
元千葉県袖ヶ浦市今井幼稚園教頭　鈴木　愛子
千葉県市川市稲荷木幼稚園教諭　向井　幸枝
元千葉県松戸市中部小学校教諭　清部　祥子

写真撮影では、左記の方々のご協力を受け、魅力的な本の仕上がりとなりました。熱心なご協力有難うございました。

故酒井昭男氏（千葉県袖ヶ浦市ことばの相談室）、森谷真木夫氏（栃木県大田原市大田原小学校教諭）、長野志津江氏（千葉県市原市姉ヶ崎小学校教諭）、酒井秀彦氏（千葉県立市原養護学校教諭）、高石由美子氏（千葉県市原市養老小学校教諭）、吉野加津美氏（千葉県立夷隅養護学校教諭）、千葉県夷隅郡御宿町保育所、影浦信吾・直美ご夫妻、臼井志津氏、荒木一美氏、神埼博・ますみご夫妻

なお、本書の写真は本文とはまったく関係のない人物のものであることと、プライバシー保護のために、母親や子どもの氏名なども一部を除いて仮名にしてあることをお断りしておきます。

二〇〇四年七月

大熊　喜代松

著者紹介

大熊　喜代松（おおくま　きよまつ）

公立小学校言語障害教室担任、千葉県特殊教育センター言語障害児教育研究部長、養護学校長、盲学校長を務める。この間、東北大学、金沢大学、横浜国立大学、千葉大学などの講師、NHKテレビ「ことばの治療教室」講師、文部省各種委員会委員などを兼務。

現在、植草学園短期大学特任教授、日本言語障害児教育研究会副会長。

主著：「たのしいことばと発音の遊び116」（フィリア）、「ことば・発音・話し方を育てる」（日本文化科学社）、「障害のある子の母親支援」（学習研究社）、「NHKことばの治療教室（共著）」（日本放送出版協会）など多数。

文部大臣賞、吉川英治賞、読売教育賞などを受賞。

愛して育てる心とことば

2004年8月10日　初版第1刷発行

著　者：大熊　喜代松（おおくま　きよまつ）

発行所：フィリア
〒180-0006　東京都武蔵野市中町2-12-8-510
Tel. 0422-51-6594　Fax. 0422-51-6592

発売所：星雲社
〒112-0012　東京都文京区大塚3-21-10
Tel. 03-3947-1021　Fax. 03-3947-1617

印刷・製本：ソシオ

カバーデザイン：神田程史（レフ・デザイン工房）

ISBN4-434-04776-0